HEYNE BÜCHER

Infoline

Trude Ausfelder

Mobbing

Konflikte am Arbeitsplatz erkennen, offen legen und lösen

WILHELM HEYNE VERLAG
MÜNCHEN

HEYNE INFOLINE
22/409

Dieses Buch ist bereits in einer älteren Fassung
unter der Bandnummer 08/5024
in der Reihe Heyne Ratgeber erschienen.

Umwelthinweis:
Dieses Buch wurde auf chlor- und säurefreiem Papier gedruckt.

Aktualisierte Neuausgabe 01/2001

http://www.heyne.de
Printed in Germany 2000
Redaktionelle Überarbeitung der Neuauflage: Gerald Drews
Umschlaggestaltung: Hauptmann und Kampa Werbeagentur, CH-Zug
Satz: Schaber Satz- und Datentechnik, Wels
Druck und Verarbeitung: Presse-Druck, Augsburg

ISBN 3-453-18068-2

Inhalt

Für alle,
die unter ihren Kollegen und/oder Chefs
leiden und gelitten haben

Vorwort

Millionen Arbeitnehmer leiden jeden Tag unter den gezielten Schikanen ihrer Kollegen und Chefs. Sie bekommen bereits am Sonntagmittag Magendrücken, weil sie Montagmorgen zur Arbeit gehen müssen. Nichts Neues? Richtig. Doch was die Betroffenen aus Angst oder Scham so lange mit sich allein herumtrugen, wurde Anfang der 90er Jahre unter dem Begriff »Mobbing« öffentliches Diskussionsthema und fand – wen wundert's? – enorme Resonanz bei der berufstätigen Bevölkerung.

Wurden Firmenbosse früher auf das schlechte Betriebsklima in ihrem Hause angesprochen, winkte man schnell ab: Nein, bei uns ist alles prima! Unsere Mitarbeiter sind zufrieden, von den wenigen schwierigen Leuten im Hause mal abgesehen, aber die sind ja schließlich selbst schuld. Heute bekennen ehrliche Chefs sogar, dass sie gar nicht wissen, was außerhalb ihrer Türen gespielt wird und dass es sie im Grunde bisher auch nicht interessierte. Hauptsache, die Arbeit wurde ordentlich und pünktlich erledigt. Die Bosse von heute sind allemal Fachkräfte, in den wenigsten Fällen Führungskräfte, höchst selten beides zusammen. Mobbing ist zweifellos die Folge fehlender Führungsqualitäten. Schwache Führungskräfte schaffen den besten Nährboden für Psychoterror am Arbeitsplatz. Deutschland, deine Manager! Ein Trauerspiel!

Immerhin macht man sich mancherorts schon Gedanken, dass die Stimmung im Betrieb vielleicht so gut gar nicht ist, wie man sie gerne hätte. Man sucht jetzt (ziemlich spät und immer noch sehr zögerlich!) nach Vorbeugemaßnahmen und Lösungsmöglichkeiten; denn ein schlechtes Betriebsklima fördert Mobbing. Das wiederum macht Mitarbeiter krank und zieht Fehlzeiten nach sich, was auf Dauer eine Menge Geld kostet.

Die Intrigen am Arbeitsplatz nehmen zu. Je härter der Kampf um die Stelle und je größer der Leistungsdruck, umso unbarmherziger, unfairer und schärfer werden auch die Attacken zwischen Kollegen, Vorgesetzten und Mitarbeitern. Die Zahlen sprechen für sich: 13,5 Millionen Arbeitnehmer klagen über schlechtes Betriebsklima, jeder vierte wird einmal im Laufe seines Berufslebens Zielscheibe von Schikanen.

Mobbing kann jeden treffen und zugrunde richten, solange alle mitmachen und keiner etwas dagegen unternimmt. Es hat nichts mit der Persönlichkeit oder dem Rang des Opfers zu tun. Vielleicht fängt es mit einem kleinen Streit unter Kollegen an, dem immer wieder Sticheleien folgen, hin und wieder mal ein böses Wort und schließlich eine Bemerkung dem Chef gegenüber. Schon wird das Opfer an den Rand gedrängt, gehört nicht mehr dazu. Ein Intrigant genügt, der die anderen auf seine Seite zieht – und schon steht man alleine da und hat alle gegen sich. Die Meute ist sich einig: Den wollen wir nicht mehr, der muss weg! Resigniert der Gemobbte und räumt das Feld, pickt sich die Kollegengemeinschaft oftmals gleich den nächsten »Fall« heraus. Das böse Spiel beginnt von vorne.

Das Problem »Mobbing« ist erkannt. Wie man es in den Griff bekommen kann, möchte Ihnen dieser Ratgeber vermitteln. Und dass Sie – sollten Sie gerade Opfer sein – nicht das einzige sind und auch nicht das, welches am übelsten dran ist, zeigen unsere Fallbeispiele. Ich bin selbst mehrmals gemobbt worden. Von Kollegen ebenso wie von einem Chef. Ich glaubte damals auch, mit mir hätten sie es am schlimmsten getrieben. Doch als ich mich bei der Vorbereitung dieses Buches mit anderen Betroffenen unterhielt, wusste ich, dass ich trotz allem noch glimpflich davongekommen war. Das kann zwar nur ein schwacher Trost sein, doch das Gefühl, dass man doch nicht alleine ist, obwohl es einem tagtäglich im Arbeitsleben per Mobbing vermittelt wird, hilft vielleicht auch ein kleines bisschen weiter. Wenigstens insoweit, dass man als Opfer die Hoffnung auf bessere Zeiten nicht ganz verliert.

Seit dem Ersterscheinen meines Buches im Jahr 1995 hat sich eine Menge getan – im Guten wie im Schlechten. Spektakuläre Fälle gingen durch die Presse: Da war der Selbstmord einer Münchener Polizistin, der angeblich zum Teil auf Mobbing zurückzuführen ist. Da hat nahezu die gesamte deutsche Presse über den Fall einer Bundeswehrärztin berichtet, die nach einem Suizidversuch seit Monaten im Koma liegt – nach Darstellung der Medien aufgrund von Mobbing ihrer Vorgesetzten. Berichten zufolge hatte sich der Bundesverteidigungsminister persönlich mit dem Fall zu beschäftigen. All das ist bekannt, ich habe darauf verzichtet, es noch einmal aufzurollen.

In den vergangenen Jahren hat sich aber auch das Bewusstsein gewandelt und wohl niemand bezweifelt mehr, dass Mobbing nicht nur für die Betroffenen, sondern für die gesamte Wirtschaft großen Schaden anrichtet und dass man dagegen etwas tun kann und tun muss. So geht es mir um die Erkenntnis, dass die Gemobbten nicht mehr wehrlos sind, sondern inzwischen zunehmend besser wissen, wie man sich hilft. Eine große Zahl von neu gegründeten Organisationen und Selbsthilfegruppen, aber auch das wachsende Engagement von Fachleuten wie Anwälten oder Therapeuten sowie von Gewerkschaften und Betrieben selbst bestätigt das. Deren Erkenntnisse einer noch breiteren Öffentlichkeit nahe zu bringen, war mein Motor für dieses Buch. Ein Buch wie dieses letztlich überflüssig zu machen, das ist einer meiner Träume.

Ich danke der Mobbing-Zentrale, Hamburg, und Gaby Ziegler für deren praktische Anregungen.

München, im September 2000 Trude Ausfelder

1 Der Arbeitsplatz heute

Eine Belastung für den Menschen?

Fast ein Drittel seines Lebens verbringt der berufstätige Mensch an seinem Arbeitsplatz. Mit Kollegen und Vorgesetzten, auf die er angewiesen oder von denen er gar abhängig ist. Wenn die Chemie zwischen den Zusammenarbeitenden nicht stimmt, entstehen Spannungen, die den Angestellten nicht nur körperlich, sondern auch psychisch krank machen. Die seelischen Probleme des Arbeitnehmers sind lange Zeit ignoriert worden und für die Forschung in diesem Bereich standen nur geringe finanzielle Mittel zur Verfügung.

Dass heute der Arbeitsplatz dem Menschen vielfach mehr Belastung als Freude bringt, gehört zu den bitteren Wahrheiten, die kaum ein Unternehmer gerne an sich ranlässt. Hat jemand Spaß an seiner Aufgabe und kann sie hervorragend erfüllen, so heißt das noch lange nicht, dass er dies auch genau an »diesem« Arbeitsplatz umsetzen kann. Es ist nämlich gut möglich, dass Mitarbeiter aus irgendwelchen Gründen etwas dagegen haben und den Arbeitseifer eines solchen Kollegen durch Mobbing stoppen. Während früher mehr Arbeitnehmer wegen zu starker körperlicher Belastung in Frührente gehen mussten, hat sich zwischen 1980 und 1990 der Anteil derer, die aus psychischen Gründen aus dem Berufsleben ausstiegen, verdoppelt.

Was wir bisher über die Situation in Büros und anderen Arbeitsbereichen wissen, verdanken wir zum größten Teil der skandinavischen Forschung. Dort gibt es nämlich Gesetze, die nicht nur das physische, sondern auch das psychische Wohl von Arbeitnehmern schützen sollen. Infolgedessen werden auch Gelder in diesen Forschungszweig investiert, der unter der Ägide des Betriebswirts und Diplom-Psychologen Heinz Leymann, einem gebürtigen Deutschen und Professor an der Universität Stockholm, steht.

Menschen, die zusammen in einem Betrieb arbeiten, bilden in den meisten Fällen eine »Notgemeinschaft«, die sie eingehen, um sich ihren Lebensunterhalt zu verdienen. Privat würden die meisten von ihnen nie miteinander in Kontakt treten. Diese »Notgemeinschaft« ist es auch, die oftmals sehr gute, sogar freundschaftlich wirkende Beziehungen aus dem Job heraus entstehen lässt. Scheidet man aber aus der Firma aus, so endet dieser Kontakt häufig sehr bald, weil man keine gemeinsame Interessenebene mehr hat. Das bestimmende Thema, der Betrieb, ist weg – und damit auch der Gesprächsstoff. Das zeigt deutlich, dass man sich im Grunde nie mehr zu sagen hatte als das, was man täglich gemeinsam am Arbeitsplatz erlebte.

Oftmals entwickelt sich aus der »Notgemeinschaft« heraus aber kein positiver Kontakt, sondern eher Abneigung und Hass gegen den anderen. Von dieser Haltung ausgehend, ist es nicht mehr weit zum Mobbing, der extremsten psychischen Belastung am Arbeitsplatz.

»Gefühle haben im Job nichts zu suchen!«

Chefs, die angeblich besonderen Wert auf Professionalität legen, geben immer noch die Devise aus: »Gefühle haben im Job nichts zu suchen!«, oder »Für private Probleme haben wir hier keine Zeit!« Sicher ist der Arbeitsplatz nicht der geeignete Ort, um Liebeskummer oder Familienstress auszutragen, doch wird leider viel zu oft übersehen, dass ein Mitarbeiter ein menschliches Wesen ist und keine Maschine, die auf Knopfdruck funktioniert. Ein Boss, der seinem Angestellten ein bisschen Luft zum Durchatmen genehmigt und ihm eine gewisse Zeitspanne einräumt, um wieder in seinen Rhythmus zurückzufinden, hat oft viel schneller wieder eine volle Kraft an seiner Seite als einer, der autoritär und verständnislos nichts als Beherrschung verlangt.

Es gibt Tätigkeiten, für die Gefühle die notwendige Voraussetzung sind, damit sie effektiv ausgeführt werden können. Man denke nur an die Berufe im sozialen Bereich, z. B. an den der Krankenschwester, des Altenpflegers oder Bewährungshelfers. Aber auch in Verwaltungs- und Bürobetrieben sind Gefühle wichtig, wenngleich sie dort am liebsten unter den Tisch gekehrt werden. Wenn Empfindungen von Mitarbeitern und Chefs offenbar werden, wenn gezeigt wird, dass man sich freuen wie auch leiden kann, dann herrscht meistens ein gutes, offenes Betriebsklima. Müssen Gefühle jedoch immerzu unterdrückt werden, entsteht leicht Missstimmung und es beginnt zu brodeln.

Das Schreckgespenst Arbeitslosigkeit

Die Angst, den Arbeitsplatz zu verlieren, stellt eine immense psychische Belastung dar. Wer um seine Existenzgrundlage bangt, leidet häufig an sinkendem Selbstwertgefühl und weiß, dass er im Ernstfall mit erheblichen finanziellen und sozialen Einbußen zu rechnen hätte. So fügt man sich lieber, auch wenn es einem nicht so recht zusagt. Aufmucken könnte den Verlust der Stelle bedeuten.

Doch ein Unternehmen, in dem die Mitarbeiter sich aus Angst nur noch anpassen und aufhören querzudenken, kann keine großen Erfolge mehr erwarten. Bekanntlich stellen sich diese meistens nur ein, wenn sich kreative Köpfe entfalten können, die für manche Chefs nicht immer bequem sind. Teamarbeit ist in Zeiten, in denen das Schreckgespenst Arbeitslosigkeit umherschleicht, sehr schwierig durchzuziehen. Denn Mitarbeiter, die voller Angst stecken, ihren Posten zu verlieren, denken nicht mehr ans Team, sondern nur noch an ihr eigenes Überleben.

Knapp vier Millionen Arbeitslose gibt es zur Zeit in Deutschland. Dabei sind alle die nicht mitgerechnet,

- die auf Kurzarbeit gesetzt sind,
- die sich im Augenblick in vom Arbeitsamt finanzierten Arbeitsbeschaffungsmaßnahmen oder Ausbildungs- bzw. Umschulungslehrgängen befinden,
- die aus arbeitsmarkttechnischen Gründen bereits in Frührente gingen,
- die keinen Anspruch auf Arbeitslosengeld oder -hilfe haben, z. B. Selbstständige und viele Frauen aus den neuen Bundesländern, die früher dazuverdienten und jetzt freiwillig auf Arbeitssuche verzichten.

Wer arbeitslos wird, fällt gleichzeitig durch viele Raster. Er hat weniger Geld zur Verfügung als vorher und ist dadurch lange nicht mehr so kaufkräftig. Wegen Ebbe im Portemonnaie muss oftmals das Freizeitvergnügen eingeschränkt werden, wodurch wiederum soziale Kontakte reduziert werden. Die Partnerschaft ist betroffen. So manche Beziehung geht während langfristiger Beschäftigungslosigkeit kaputt. Der Verlust der Kollegen trägt auch zu einer gewissen sozialen Isolation bei. Dem Menschen fehlt die Selbstbestätigung, die er sich im Job holte, er wird im Laufe der Zeit immer unzufriedener. Dauerhafte Perspektiven, die mit der beruflichen Weiterentwicklung verbunden waren, fallen weg. Oftmals muss gewohnter Luxus wie eine schöne Wohnung, das geliebte Auto oder der Urlaub aufgegeben werden. Dadurch sinkt das gesellschaftliche Ansehen, der Arbeitslose gerät zunehmend ins Aus.

In einer solchen Situation nimmt das Risiko, an Depressionen zu erkranken, zu. In Zeiten hoher Arbeitslosigkeit verzeichnen Kliniken in der Regel eine besonders starke Zunahme von Patienten mit depressiven Erschöpfungserscheinungen. Je länger die Zeit der Beschäftigungslosigkeit dauert, umso schlimmer wird oft der Zustand des Betroffenen. Er sieht keine Chance mehr auf Besserung und hält sich zunehmend für minderwertig. Gegenüber anderen schämt er sich, dass er nicht mehr so viel Geld zur Verfügung hat, und zieht sich häufig lieber zurück, als nicht mithalten zu können.

Die innere Verstimmung äußert sich meistens auch in körperlichen Beschwerden. Am häufigsten leiden Arbeitslose unter Magen-Darm-Beschwerden und Herz-Kreislauf-Problemen. Ärzte verzeichnen allerdings nicht nur bei Arbeitslosen eine steigende Tendenz zu psychosomatischen Erkrankungen, sondern vor allem auch bei Menschen, die dem täglichen Stress mit Kollegen und Chefs ausgesetzt sind.

Unlust mangels Anerkennung und Aufstiegsmöglichkeiten

Das gesellschaftliche Ansehen eines Menschen wird auch über seine berufliche Tätigkeit definiert. Der Grad der Anerkennung bestimmt sich durch das soziale Ansehen des Berufs wie auch durch die finanzielle Entlohnung. Wer gut verdient, hat das Gefühl, eine wichtige Arbeit zu erledigen und als Person eine gewisse Bedeutung für die Firma zu haben. Dieses Gefühl wirkt sich steigernd auf die Motivation und Zufriedenheit eines Mitarbeiters aus.

Es erklärt sich von selbst, dass jemand, der schlecht bezahlt wird und nicht die nötige Anerkennung findet, auch meistens nicht willens ist, den vollen Einsatz zu bringen. So werden Tag für Tag wichtige Kraftreserven verschleudert, weil die meisten Manager unfähig sind, die Begabungen ihrer Mitarbeiter zu erkennen, sie falsch einschätzen oder nicht in der Lage sind, ihre Leute richtig zu motivieren. Dieses notwendige psychologische Einfühlungsvermögen und Empfinden fehlt den meisten Spitzen unserer Wirtschaft.

Wirkliche Leistung kann nur von Menschen erbracht werden, die sich mit ihrem Job und ihrem Unternehmen voll identifizieren. Nimmt das Management den Untergebenen ernst und lässt es zu, dass er seine wahren Fähigkeiten angstfrei und individuell entfalten kann, wird die Firma auf Dauer davon profitieren. Leider ist es aber immer noch so, dass der kleine Angestellte bevormundet und als Befehlsempfänger betrachtet wird, der gefälligst froh sein soll, dass er in diesem Betrieb überhaupt sein darf. Diese Einstellung, die meistens stillschweigend vermittelt wird, kann nur Unlust bei der Belegschaft fördern.

Wenn es dann auch noch vorkommt, dass ein Kollege, der bisher wahrlich nicht aufgrund seiner besonderen Leistung auffiel, die begehrte Position bekommt, dann bricht für so manchen Konkurrenten eine Welt zusammen. Er resigniert, macht Dienst nach Vorschrift und geht im Grunde nur noch an seinen Arbeitsplatz, weil er sein Geld verdienen muss. So eine Einstellung ist niemandem dienlich: weder dem Mitarbeiter noch der Firma. Da wird häufig wertvolles Potenzial verschenkt.

Es wird leider immer offenbarer, dass heutzutage derjenige die besten Aufstiegsmöglichkeiten hat, der im gleichen Tennis-Club ist wie der Chef oder ihm am besten nach dem Munde redet. Das wird sich langfristig auf die Erfolge der Betriebe auswirken. Die höchsten Umsätze und die besten Bilanzen wurden nämlich immer dann erzielt, wenn viele verschiedene Meinungen perfekt unter einen Hut gebracht und genutzt wurden.

Ein Chef, der auf einen Mitarbeiter baut, der ihm in allem Recht gibt, wird damit nicht lange glücklich werden. Im Gegenteil! Er demonstriert seine große Führungsschwäche, wenn er sich Ideen und Meinungen anderer Mitarbeiter verschließt. Wer als Boss auf opportunistische Lakaien baut, wird nie erfahren, was wirklich Sache ist und dem Unternehmen etwas bringen könnte. Für seinen Erfolg wäre der unbequemere Angestellte, mit dem er sich auseinandersetzen und mit dessen Ideen er sich befassen muss, wesentlich besser. Doch das erfordert auch ein gewisses Engagement und jede Menge Mühe seitens des Vorgesetzten. Wenn man sein sattes Gehalt auch ohne große Mühe beziehen kann, wieso soll man sich dann mit diesen Querdenkern herumschlagen? fragt sich da insgeheim so mancher Boss. Ein Denkfehler, der dringend beseitigt werden muss, da sich sonst noch mehr Unlust in unseren Betrieben breit macht.

Kontrolle, Konflikte und Druck von oben: Arbeitsbedingungen heute

Es sind weniger die großen Ereignisse, die den Alltag am Arbeitsplatz prägen. Vielmehr sind es die täglichen kleinen Ärgernisse, die dem Berufstätigen auf Dauer zusetzen und ihn psychisch belasten. Der Arbeitspsychologe und Konfliktforscher Martin Resch schreibt in seinem Buch »Wenn Arbeit krank macht«, dass der Stress eines Arbeitnehmers vor allem auch durch *die vielen störenden Bedingungen drumherum* entsteht. Dadurch wird die sachgerechte Erledigung der Arbeit unnötig erschwert, die ja zusätzlich zu der eigentlichen Aufgabe bewältigt werden muss.

Diese *vielen störenden Bedingungen drumherum* können lt. Resch folgende sein:

- Der Informationsfluss in der Firma läuft nicht richtig, sodass Wichtiges zu spät oder unvollständig beim Mitarbeiter ankommt.
- Pausenlos klingelt das Telefon, sodass man immer wieder aus seiner Arbeit gerissen wird und sich danach neu einarbeiten muss.

- Wichtige Arbeitsgeräte sind oft defekt, wie z. B. die EDV-Anlage oder der Kopierer.
- Die Anweisungen der Chefs sind widersprüchlich. Vor allem dann, wenn es mehrere gibt, die das Sagen haben. So entsteht Mehrarbeit und Ärger. Ist die Aufgabe erledigt, fällt mindestens einem Boss ein, dass er es eigentlich doch ganz anders haben wollte.

Von erschwerten Arbeitsbedingungen kann man auch sprechen, wenn Mitarbeiter in einem Großraumbüro untergebracht sind. Das sahen viele Bosse früher als ideal an, weil sie glaubten, wenn ein Kollege den anderen ständig beobachten könne, so hätte man eine automatische Kontrolle über jeden Einzelnen. Frei nach dem Motto: Jeder kontrolliert jeden! Doch dies entpuppte sich bald als gar nicht so gut; denn wer permanent einem anderen im Visier sitzt, zieht sich in sich zurück, ist mehr mit der Eigenkontrolle beschäftigt als mit der Arbeit und wird sich hüten, Ideen, mit denen er sich profilieren will, vor Schmarotzer-Kollegen breitzutreten. Der Mitarbeiter nimmt sich also zurück.

Ganz abgesehen davon, dass die Konzentration erheblich leidet, wenn man jedes Wort mitbekommt und alles sieht, was andere nebenan gerade tun. Der Großraum hat sich deshalb nicht bewährt, weil Menschen Individuen sind und keine Herdentiere, die man in einem großen Stall zusammensperren kann. Zum Glück ist man in den meisten Firmen schon wieder von diesem Irrsinn abgekommen und hat begriffen, dass Kontrolle mehr hemmt als anspornt.

Auch durch zu viel Arbeit und permanenten Druck von oben werden die Leistungsreserven eines Angestellten schnell erschöpft. Wer regelmäßig Überstunden schiebt, nachts, in Schichten oder unter monotonen Bedingungen arbeitet und seine Dinge unter Zeitdruck erledigen muss, fühlt sich bald überfordert.

2 Mobbing: Was ist das?

Definition des Begriffs Mobbing

Das Substantiv »Mob« kommt aus dem Englischen und bedeutet so viel wie »der Pöbel, die Horde, das Gesindel«. Auch im deutschen Sprachgebrauch ist dieser Begriff geläufig. Das Verb »to mob«, ebenfalls aus dem Englischen, wird mit »über jemanden herfallen, anpöbeln, sich auf jemanden stürzen« übersetzt. Es wird im angelsächsischen Sprachraum oft im positiven Sinne benutzt, z. B. wenn ein Film- oder Popstar von Fans belagert wird.

In den 80er Jahren übertrug die schwedische Arbeits-Forschungsgruppe unter Leitung von Professor Heinz Leymann den Begriff auf konfliktgeladene Vorgänge im Arbeitsleben. Das Wort »Mobbing« klingt sehr eingängig und lässt sich einfach und schnell mit »Psychoterror am Arbeitsplatz« übersetzen. Mittlerweile können die meisten Menschen mit dem Ausdruck etwas anfangen. Hätte man einen schwierigeren dafür genommen, hätte das Thema vielleicht nicht diese Beachtung gefunden.

Da »Mobbing« zu einem Schlagwort geworden ist, wird es oftmals auch dann benutzt, wenn es nicht passt. So wird gerne jede kleine Streitigkeit oder Gemeinheit gleich als Mobbing bezeichnet, was es einem echten Mobbing-Opfer oft erschwert, seine Situation richtig einzuordnen.

Wenn es in diesem Buch um Mobbing geht, dann nach der Definition von Heinz Leymann. Er versteht darunter »negative kommunikative Handlungen, die gegen eine Person gerichtet sind (von einer oder mehreren anderen) und die sehr oft und über einen längeren Zeitraum hinaus vorkommen und damit die Beziehung zwischen Täter und Opfer ausdrücklich kennzeichnen«. Ein schlechtes Betriebsklima allein oder Getuschel und Klatsch fallen also nicht unter den Begriff Mobbing. Leymann: »Eine Unverschämtheit, einmal gesagt, ist und bleibt eine Unverschämtheit. Wiederholt sie sich aber täglich über mehrere Wochen, dann sprechen wir vom Mobbing.«

Eine aktuelle Definition des Begriffs »Mobbing« stammt vom Psychologen und Mobbing-Experten Berndt Zuschlag: »Der Begriff Mobbing beschreibt schikanöses Handeln einer oder mehrerer Personen, das gegen eine Einzelperson oder eine Personengruppe gerichtet ist. Die schikanösen Handlungen werden meistens über einen längeren Zeitraum hin wiederholt. Sie implizieren (enthalten) grundsätzlich die Täter-Absicht, das (die) Opfer bzw. sein (ihr) Ansehen zu schädigen und gegebenenfalls aus seiner (ihrer) Position zu vertreiben. Aber auch ohne Schikaneabsicht des Täters können dessen ›normale‹ Handlungen von sensiblen Personen missverstanden und als Mobbing empfunden werden.«

Mobbing kann jeden treffen

Mobbing gibt es nicht nur am Arbeitsplatz. Mobbing kann es überall geben, wo Menschen über längere Zeit (Monate und Jahre) in Gruppen zusammenkommen: vom Kindergarten über die Schule und Universität, die Bundeswehr, in Vereinen und Verbänden bis hin zur eigenen Familie.

Auch die zunehmende Fremdenfeindlichkeit in unserem Land ist eine – wenn auch eine ganz besonders abscheuliche – Art des Mobbing, symbolisiert durch die Parole »Ausländer raus!«

Bleiben wir am Arbeitsplatz. Auch hier sind Randgruppen und Minderheiten – also im Grunde jeder, der irgendwie »anders« ist – besonders mobbinggefährdet. Professor Leymann etwa hat beobachtet, dass Behinderte fünfmal häufiger von

Mobbing betroffen sind als nichtbehinderte Kollegen und Kolleginnen. Doch zu einer »Randgruppe« gehört man schneller, als man denkt: Das fängt schon bei der Sprache an. Wenn die Kollegen einen bestimmten Dialekt sprechen und der Neue einen anderen oder sogar Hochdeutsch spricht (oder umgekehrt), kann das schon die Weichen für späteres Mobbing stellen.

Auch religiöse oder politische Einstellungen sowie reale oder vermutete sexuelle Neigungen (wie Homosexualität) können zur Ausgrenzung führen.

Es gibt unzählige Merkmale, die im Alltag zum Außenseiter abstempeln können. Sie sind vielfältig und beliebig. Und uns wird bei der Aufzählung klar: Es kann jeden, aber auch wirklich jeden treffen. Denn wir alle sind auf die eine oder andere Weise »eigenartig«. Und diese unsere Eigenarten können uns sehr schnell zum Nachteil gereichen, wenn es zu einer Auseinandersetzung kommt, in deren Verlauf man zu abwertenden Sätzen greift. Und was kann man nicht alles sein bzw. haben? Nur ein paar willkürliche Beispiele:

- zu groß oder klein
- zu dick oder dünn
- ansteckende Krankheiten (z. B. HIV-Infizierte)
- Rollstuhlfahrer
- Farbige und andere Menschen, die durch Gestalt, Gesichtsform, Haarfarbe »fremd« erscheinen
- Akne, Hautausschlag oder sichtbare Narben
- Männer mit Glatze oder Vokuhila-(Vorne-kurz-hinten-lang-)Frisur
- Frauen mit Achselbehaarung oder Damenbart
- Rothaarige
- Fahrer einer bestimmten Automarke (z. B. Manta-, Mercedes-»Elch«-, Porschefahrer)
- auffällige Fortbewegung (z. B. Hinken oder »Watscheln«)

- Nichtraucher oder Raucher
- Schielen oder dicke Brille tragen
- Stottern, Lispeln

Sie merken schon: Die Liste ließe sich beliebig fortsetzen. Aber Sie verstehen sicher, was gemeint ist.

Natürlich wird nicht jeder mit einem oder mehreren der genannten Merkmale automatisch zum Gemobbten. Der Prozess der Ausgrenzung und Abwertung kommt erst in Gang, wenn bestimmte Arbeitsbedingungen in der Gruppe und die Bereitschaft Einzelner oder mehrerer zu Mobbing-Handlungen vorliegen.

Warum aber werden bevorzugt Angehörige von Randgruppen und Minderheiten an ihren Arbeitsplätzen gemobbt? Nun, schon seit jeher ist für uns die Zugehörigkeit zu einer Gruppe und deren Zusammenhalt für unser Selbstwertgefühl sehr wichtig. Deswegen achtet jede Gruppe darauf, abweichende Meinungen und Haltungen nur in enggefassten Grenzen zuzulassen. Wer »anders« ist, wird über kurz oder lang herausgeekelt.

Ebenfalls entwicklungsgeschichtlich bedingt ist die Notwendigkeit einer eindeutigen Rang- und Hackordnung. Durch sie werden die Aggressionen in der Gruppe reguliert und kanalisiert. Wer sich am eindeutigsten von der Mehrheit der Gruppe unterscheidet, ist »dran«: Denn jede Gruppe braucht zur Festigung des Zusammenhalts einen gemeinsamen Gegner, gegen den man kämpft (oder den man mobbt!).

Und auch das haben wir von unseren Urahnen geerbt: Fühlt sich die Gruppe von innen oder außen bedroht (früher durch andere Stämme oder Clans, heute z. B. durch Rationalisierung), wächst die Angst stark an – etwa davor, den Job zu verlieren. Die Folge: Die Gruppe verhält sich zunehmend extremer und rücksichtsloser gegen andere und Fremde inner- und außerhalb der Gruppe. Das ist z. B. mit ein Grund für das gesellschaftspolitische Phänomen der kollektiven Ausländerfeindlichkeit.

Ab wann handelt es sich um Mobbing?

Es ist ganz natürlich, dass es am Arbeitsplatz Stunk unter Kollegen gibt. Das war schon immer so und wird sich vermutlich auch nie ändern. Wenn man unterschiedlicher Meinung über eine Sache ist oder unter starkem Zeitdruck steht, kommt es eben hin und wieder zu heftigen Auseinandersetzungen. Es kann auch vorkommen, dass man im Spaß mal ein bisschen überzieht und Dinge sagt, die den anderen vielleicht mehr verletzen, als man denkt. Dagegen ist im Prinzip nichts einzuwenden, sofern die Angelegenheit am nächsten Tag wieder bereinigt wird, z. B. mit ein paar freundlichen, gegebenenfalls entschuldigenden Worten.

Kritisch wird die Situation erst, wenn sich die Gehässigkeiten wiederholen oder man zunehmend und gezielt ignoriert wird. Erst wenn der Gemeinte sich auch gemeint fühlt und in die Opferrolle schlüpft, handelt es sich um Mobbing, den Psychoterror am Arbeitsplatz. Lehnt der Gemeinte die Opferrolle ab, hat der Angriff keinen Erfolg.

Ein typisches Beispiel: Anna F. wurde bisher immer gefragt, ob sie mit zum Mittagessen in die Kantine käme. Irgendwann gingen ihre Kollegen plötzlich allein, ohne sie mitzunehmen. Das erste Mal machte sich Anna keine Gedanken und überging dies. Doch auch in den Tagen und Wochen darauf verschwanden die anderen sang- und klanglos in die Mittagspause und schlossen Anna aus ihren gemeinsamen Unternehmungen aus. Wenn sie ins Zimmer kam, wurde plötzlich geschwiegen, aus den vermeintlich so netten Kollegen waren über Nacht kleine Monster geworden. Sie fragte sich: Was haben sie nur? Habe ich irgendetwas falsch gemacht? Der Psychoterror wurde immer schlimmer, sodass Anna um Versetzung in eine andere Abteilung bat. Sie hielt den Druck nicht mehr aus.

In diesem Fall fand absolutes Mobbing statt, weil sich hier mehrere negative Handlungen (nämlich die, Anna F. systematisch auszuschließen) regelmäßig wiederholten. Mobbing ist eine Situation mit einer sehr großen Dynamik. Wer einmal in die Mühle gerät, kommt kaum noch unbeschadet raus. Die Gründe, warum jemand gemobbt wird, sind vielfältig. Wir wollen darauf noch in diesem Kapitel im Abschnitt *Warum wird gemobbt und was ist so einschneidend daran?* näher eingehen.

Wo findet Mobbing statt?

Auf diese Frage kann kurz und knapp geantwortet werden: praktisch überall. Es gibt keine typischen Mobbing-Branchen. Opfer kann man im Verlagsgeschäft ebenso werden wie in der chemischen Industrie, bei der Behörde oder auf dem Bau. Tatsache ist allerdings, dass unter Arbeitern wesentlich weniger gemobbt wird als in Büros unter Angestellten. Das mag daran liegen, dass Arbeiter ihrem Frust oft sofort und ohne Umschweife Luft machen, während Menschen hinter Schreibtischen dies subtiler und raffinierter angehen. Da kann es auch eine ganze Weile dauern, bis das Opfer das böse Spiel überhaupt bemerkt und durchschaut.

Zudem sind die Chancen im gewerblichen Bereich erheblich geringer und begrenzt, sodass sich Mobbing aus diesem Grund meistens erübrigt. Angestellte aber können durchaus flott nach oben kommen, wenn alles läuft wie geschmiert und man der richtigen Seilschaft angehört. Um Hindernisse aus dem Weg zu räumen, wird da schon mal nachgeholfen und der lästige Konkurrent weggemobbt.

In Betrieben mit streng bürokratischen Hierarchien finden Aggressionen, Frustrationen und damit Schikanen einen fruchtbareren Boden als in Firmen, in denen es lockerer zugeht. Bemerkenswert ist dabei lt. einer Infas-Studie von 1992 auch, dass immerhin stolze 83% der Mitarbeiter kleinerer Unternehmen (bis zu zehn Beschäftigten) mit dem Betriebsklima an ihrem Arbeitsplatz sogar sehr zufrieden sind. Ganz anders dagegen die Stimmung in Großbetrieben: Nur rund zwei Drittel aller Befragten sind dort halbwegs glücklich. Beschwerden über Großraumbüros häufen sich. Besonders schlimm stellt sich die Situation derzeit im Osten dar. Mehr als 40% finden die Atmosphäre an ihrem Arbeitsplatz eher schlecht.

Warum wird gemobbt und was ist so einschneidend daran?

Meistens wird gemobbt, um verdeckte Konflikte in einer Arbeitsgruppe nicht sichtbar werden zu lassen. Das heißt: Wenn die Kompetenzen nicht genau abgesteckt sind, kann es leicht zu Differenzen unter Kollegen kommen.

Sind z. B. zwei Kollegen für ein Fachgebiet gleichermaßen zuständig und einer davon ist beliebter als der andere, so liegt es nahe, dass der Unzugänglichere irgendwann »hinausgemobbt« wird. Geht man vom Idealfall aus, dass die beiden sich sogar sehr gut verstehen, so könnte es durchaus sein, dass Dritte das Mobbing inszenieren, indem sie sich immer wieder ausschließlich an den beliebteren Kollegen wenden und damit den anderen auf Dauer kaltstellen.

Dies kann geschehen, weil ein Dritter diese Stelle gerne möchte oder einfach nur, um denjenigen, der sich neutral verhält und nichts als seine Arbeit tun will, loszuwerden. Einer, der sich aus Klatsch und Tratsch raushält und eine neutrale Position bezieht, ist so manch anderem, der die Intrige als tägliche Aufbauspritze braucht, suspekt. Es kann nichts Schlimmeres geben als frustrierte Kollegen, die es nicht ertragen können, dass es anderen gut geht. Solche Leute brauchen keine besonderen Gründe, um anderen wehzutun. Schreitet kein Vorgesetzter ein, um dieses Spiel zu beenden, haben solche Intriganten es leicht.

Auch Stress, zu viel Arbeit und Neid können Mobbing auslösen. Leute, die Angst haben, ihr tägliches Pensum nicht zu schaffen oder unter einem anderen Druck stehen, bieten sich als Mobbing-Opfer geradezu an. Die »Täter« leiden zwar oftmals unter keinem geringeren Druck, doch sie geben den erst einmal an den schwächeren Kollegen weiter, um das Problem vorläufig nicht an sich selbst ranzulassen.

Es ist für einen Menschen lebenseinschneidend, gemobbt zu werden, weil er in eine tiefe Krise gerät, die er nur äußerst schwierig verarbeiten kann. Eine Mobbing-Situation ist nach Martin Resch »vergleichbar mit dem Erleben eines schweren Unfalls oder eines Raubüberfalls«. Das soziale Umfeld (Freunde, Verwandte, Bekannte) reagiert auf den Gemobbten meistens mit gut gemeinten Ratschlägen und zeigt wenig Verständnis, wenn er diese nicht befolgt. Wer nicht betroffen ist, kann sich eben nicht vorstellen, wie hilflos und ausgeliefert das Opfer tatsächlich ist. Es geschieht häufig, dass solche Bekanntschaften in die Brüche gehen, weil Außenstehende die Geschichten von den bösen Kollegen nicht mehr hören können und wollen.

Kleine Mobbing- und Betriebsklima-Statistik

Das Institut für angewandte Sozialwissenschaft (Infas) führte 1992 im Auftrag des Bundesverbandes der Betriebskrankenkassen (BKK) eine repräsentative Umfrage unter Berufstätigen in West und Ost zur Atmosphäre und Zufriedenheit am Arbeitsplatz durch.

Demnach empfindet eine Mehrheit der Arbeitnehmer das Betriebsklima in ihrer Firma als gut bis sehr gut. Im Westen gibt es 68% Zufriedene, im Osten allerdings nur 53%. Ein Drittel (28%) der Berufstätigen im Westen stuft das Betriebsklima als eher schlecht bis gerade so erträglich ein.

Im Osten sind das immerhin 44%. Etwa die Hälfte dieser unzufriedenen Befragten fühlt sich dadurch in ihrem körperlichen Wohlbefinden beeinträchtigt. Das bedeutet: Jeder sechste Berufstätige in Deutschland – das sind über 6,2 Millionen Menschen! – leidet wegen schlechten Betriebsklimas unter körperlichen Beschwerden. Der Bundesverband der Betriebskrankenkassen kommentiert: »Die Behandlung so entstehender Krankheitssymptome verursacht jährlich Kosten in Milliardenhöhe.« Auch die große Mehrheit derer, die mit der Stimmung in ihrem Betrieb zufrieden ist, hält es für möglich, durch schlechtes Betriebsklima krank zu werden. Hier wird deutlich, wie sensibel Arbeitnehmer das Betriebsklima bewerten.

Als Ursachen für schlechtes Betriebsklima und das meistens daraus resultierende Mobbing nennen die Befragten folgende Gründe:

	West	**Ost**
Intrigen	71%	60%
Anschwärzen beim Chef	52%	56%
Kollegenneid	49%	46%
missgelaunter Chef	41%	36%
fehlende Anerkennung	41%	37%
faule Kollegen	38%	47%
Hektik	35%	46%
Angst um den Arbeitsplatz	32%	68%
Konkurrenzkampf	32%	30%
Karrierestreben von Kollegen	23%	31%

Frauen in Ost und West prangern besonders Intrigen als Miesmacher des Betriebsklimas an. Westfrauen stehen in puncto Konkurrenzkampf mit ihren männlichen Kollegen auf Kriegsfuß, während im Osten Frauen und Männer gleichermaßen stark die Angst um den Arbeitsplatz beschäftigt.

Betriebsklima und Mobbing wären für 62% der West-Arbeitnehmer ein Kündigungsgrund, dagegen würden im Osten aus diesem Grund nur 38% die Firma verlassen. Je jünger die Befragten, desto größer war sowohl in West als auch in Ost die Bereitschaft, aufgrund eines schlechten Betriebsklimas zu kündigen. Die Infas-Umfrage belegt klar, welche enorme Bedeutung das Thema »Psychoterror am Arbeitsplatz« hat. Knapp 13,5 Millionen Arbeitnehmer klagen, die Hälfte von ihnen leidet wegen schlechter Stimmung im Job sogar an körperlichen Beschwerden. Etwa drei Millionen Berufstätige bezeichnen ihr Betriebsklima ausdrücklich als schlecht. 6,2 Millionen hassen einen Kollegen so sehr, dass sie ihn am liebsten feuern würden, sofern sie die Macht dazu hätten.

Noch etwas Positives zum Abschluss dieser kleinen Aufstellung: Folgende Faktoren halten Berufstätige für wichtig und notwendig, um ein gutes Betriebsklima zu erzeugen:

	West	**Ost**
Teamgeist	67%	66%
selbstständiges Arbeiten	65%	66%
Anerkennung durch den Chef	56%	48%
Kooperation der Kollegen	52%	59%
gerechte Aufteilung der Arbeit	52%	62%
Weitergabe von Informationen durch den Chef	46%	45%
Beteiligung an Entscheidungen	45%	46%
Anerkennung durch Mitarbeiter	36%	47%
geregelte Arbeitszeiten	35%	46%
Gestaltung des Arbeitsplatzes	33%	43%

3 Wie und wo entsteht Mobbing?

Die vier Mobbing-Phasen

Während seiner Untersuchungen in Schweden konnte Leymann feststellen, dass Mobbing-Prozesse immer wieder gleich verlaufen. Auch Betriebsärzte, Personalräte und Gewerkschafter mussten die Erfahrung machen, dass es eine verblüffende Gleichartigkeit der Fälle gibt. Es verwundert bei genauerem Betrachten der Ereignisse schon, dass erwachsene Menschen Verhaltensweisen an den Tag legen können, die nur als kindlich, lachhaft, asozial und unzivilisiert bezeichnet werden können, sodass sie sich eigentlich eher für ihr Verhalten schämen sollten, anstatt – wie so oft der Fall – noch stolz darauf zu sein.

Ich erinnere mich in diesem Zusammenhang mit Schaudern an eine ehemalige Kollegin, die außer Intrigen nichts zu bieten hatte, damit aber immerhin für ein knappes Jahr eine leitende Position ergatterte. Eines Tages erzählte sie laut und voller Stolz, dass sie es schon mehrmals geschafft hatte, unliebsame Konkurrentinnen aus dem Weg zu mobben. Und – man stelle sich das vor! – der Chef besaß doch glatt die Unverfrorenheit, diese eine Kollegin, auf deren Hinausschmiss sie so lange und akribisch hingearbeitet hatte, genau an einem Tag zu feuern, an dem sie Urlaub hatte. Originalton: »Also, diesen Genuss hätte er mir wenigstens gönnen können. Nur zu gern hätte ich das Gesicht von dieser blöden Person gesehen!«

Dass so etwas möglich ist, daran sind – wie schon mehrmals erwähnt – unsere Manager schuld. Der schwedischen Forschung ist kein Fall bekannt, wo nicht ein Vorgesetzter (und wenn der mobbt: dessen Vorgesetzter) den Konflikt nicht schon früh hätte in den Griff bekommen können. Leymann dazu: »Aber man sieht zu oder weg. Keiner kümmert sich darum und man lässt es so weiterlaufen. Man kann also behaupten, dass ein Konflikt zu Mobbing und Psychoterror werden kann, *weil er sich eben dazu entwickeln darf.*«

Wenn einer solchen Dame wie oben geschildert nicht rechtzeitig und bestimmt Einhalt geboten wird, so kann sie unter Umständen das ganze Betriebsklima verseuchen, zumindest aber ein paar fähigen Mitarbeitern die Laune so vermiesen, dass sie lieber kündigen, als sich weiterhin mit ihr herumzuschlagen. Ein Chef, der auch nach Beschwerden über so eine Frau dieselbe nicht schärfer ins Visier nimmt, ist schlicht und ergreifend ungeeignet und unfähig als Führungskraft. Dabei sollte er immer wissen, dass die besten Mobber in der Regel ihm gegenüber zuckersüß tun, um sich die nötige Rückendeckung für ihr böses Spiel zu sichern. »Spurt« der liebe Boss aber nicht und gibt es noch einen erreichbaren Vorgesetzten von ihm, dann macht so eine Intrigantin natürlich auch davor nicht Halt, den eigenen Chef bei dessen Vorgesetzten madig zu machen.

Nun aber im Folgenden etwas detaillierter zu den vier Mobbing-Phasen:

Phase Nr. 1: Wie sich ein Konflikt aufbaut

Es gehört zum täglichen Leben, dass es Konflikte gibt: in der Familie, mit dem Partner, im Freundeskreis oder am Arbeitsplatz. Sehr häufig entstehen Konflikte aus Kleinigkeiten und Banalitäten heraus. Wird so ein Konflikt nicht geklärt, schwelt er weiter, wird größer und schließlich kann daraus Mobbing werden. Leymann zufolge könnte sich dieses Sich-nicht-darum-Kümmern wohl sogar als der wichtigste Grund für die Entstehung von Mobbing herausstellen.

Wie sehr eine Unstimmigkeit ausartet, liegt immer daran, wie die Beteiligten damit umgehen. Es kann sich ziemlich schnell wieder erledigen, wenn sich die Parteien zu Beginn gleich aussprechen oder einen Kompromiss schließen. Es kann aber auch in ewiger Feindschaft und gar in körperlicher Gewaltanwendung enden.

Konflikte sind nötig und wichtig, um Dinge zu verändern. Viele positive Errungenschaften in unserer Gesellschaft wurden nur durch konstruktive Austragung von Streitigkeiten und Meinungsverschiedenheiten erreicht. Es könnte viel weniger Konflikte geben, wenn sich, so Leymann, »die Menschen etwas sozialer verhalten würden«. Streng genommen weitet sich nur ein sehr geringer Anteil von Konflikten zu Mobbing aus. Trotzdem schätzt man, dass es in Deutschland weit mehr als eine Million Mobbing-Opfer gibt.

Phase Nr. 2: Von der Stichelei zum Psychoterror

Die zweite Phase ist eine sehr entscheidende im Mobbing-Prozess. Nachdem ein Konflikt nicht geklärt wurde, wird jetzt das Opfer fertig gemacht. Innerhalb kürzester Zeit passieren die schrecklichsten Veränderungen. Der einst so geachtete und beliebte Kollege wird über Nacht zum Außenseiter, der von allen geschnitten wird. Sein Selbstvertrauen wird dadurch empfindlich gestört, er steht unter Druck und bekommt Existenzangst. Je nach Charakter verändert er sich, wird mürrisch, unfreundlich und misstrauisch oder zieht sich immer mehr in sich zurück und leidet still vor sich hin.

Erfolgen diese Reaktionen nach einem ausgetragenen Konflikt (Phase 1), kann das als natürlicher Vorgang bewertet werden und geht vorüber. Stellt sich das Verhalten aber aufgrund eines Mobbing-Geschehens ein, tritt hiermit die erste und sehr bedeutsame Störung zwischen dem Opfer und seinem sozialen Umfeld ein. Der Gemobbte ist jetzt nicht mehr in der Lage, Kontakte zu seinen Kollegen zu pflegen und gerät automatisch in eine ständige Verteidigungsrolle. Außenstehende spüren, dass mit ihm etwas nicht stimmt.

Es ist gut möglich, dass ein Opfer diese zweite Phase nicht durchlaufen muss. Nämlich dann, wenn ein Vorgesetzter gleich nach einem Konflikt (Phase 1) sozusagen seine Chance nutzt und den widerspenstigen Mitarbeiter gleich kaltstellt. Dieser gerät dann von Phase 1 sofort in Phase 3.

Phase Nr. 3: Die Sache wird öffentlich

Auf Dauer lässt sich Mobbing nicht verheimlichen. Irgendwann wittern Personalabteilung oder Betriebsrat den Fall und schalten sich ein. Doch dann ist es für das Opfer meistens schon zu spät. Es ist psychisch bereits so angeschlagen, dass es sich völlig falsch verhält, nicht mehr die erwartete Leistung bringt und oftmals aufgrund unerträglichen Klimas in der Firma beträchtliche Fehlzeiten auf seinem Konto aufweist. Also sehen letztlich auch Unbeteiligte im Mobbing-Opfer den Unfähigen oder den Versager.

Häufig wird dann versucht, den Betroffenen in eine andere Abteilung zu versetzen oder ihm mit Kündigung zu drohen. Das Opfer gilt als »schwierig« und als »Störfaktor« und einen solchen beseitigt man am liebsten so schnell wie möglich. Der Gemobbte wird also noch einmal zum Sündenbock, von der zusätzlichen psychischen Belastung ganz zu schweigen.

Nicht selten wird bei solchen Maßnahmen gegen geltendes Recht verstoßen. Und das alles nur, weil man besessen ist von dem Gedanken, diese »schwierige Person« loszuwerden. Viele Mobbing-Handlungen sind nicht beweisbar oder gelten im Sinne des Strafgesetzbuches nicht als Beleidigung oder Verleumdung und können daher in einem Arbeitsgerichtsprozess auch nicht angesprochen werden.

Spätestens dann, wenn arbeitsrechtliche Maßnahmen in Gang kommen, wird der Fall im ganzen Betrieb offiziell. Da wird dann getuschelt, dass mit dem Betroffenen »etwas nicht ganz richtig ist«, und Leute, die nur wenig wissen über den

Mobbing-Vorgang, sagen: »Irgendwas wird schon dran sein an der Sache.«

Das Opfer hat jetzt keine Chance mehr. Wenn ihm niemand hilft, was meistens der Fall ist, wird es aus den täglichen Abläufen immer mehr ausgeschlossen. Der Rufmord hat wieder einmal perfekt funktioniert.

Phase Nr. 4: Der Gemobbte gibt auf

In der Regel enden fortgeschrittene Mobbing-Fälle fast immer mit einer Kündigung. Entweder scheidet das Opfer freiwillig aus der Firma aus, weil es keine Kraft mehr hat, oder der Arbeitgeber findet einen Vorwand, um der »störenden Person« zu kündigen. Nicht selten willigen Betroffene unter großem Druck auch in Auflösungsverträge ein.

Wer auf Dauer gemobbt wird, leidet meistens stark unter psychosomatischen Erkrankungen. Es folgen oft längerfristige Krankschreibungen und schließlich die Erwerbsunfähigkeitsrente.

Wer einmal gemobbt worden ist, findet nur noch äußerst schwer eine neue Arbeitsstelle. Denn man kann davon ausgehen, dass der neue Personalchef sich beim früheren erkundigt, wenn er aus dem Zeugnis des Bewerbers nicht ganz schlau wird oder gar von einem Auflösungsvertrag die Rede ist. Ganz abgesehen davon, dass das Mobbing-Opfer körperlich und seelisch so angegriffen ist, dass dies bei einem Vorstellungsgespräch wohl nicht zu verbergen ist.

Diese Niederlagen setzen den Betroffenen erneut unter großen psychischen Druck. Er sieht kein Land mehr, denkt über Selbstmord nach. Eine größere Anzahl von Menschen unternimmt in der Mobbing-Situation einen Suizid-Versuch. Schätzungen zufolge liegt in rund 20% aller Selbstmorde Mobbing zugrunde.

Welche Mobbing-Taktiken am häufigsten angewandt werden: 45 Handlungen, die man kennen sollte

Wer den Spuk vorzeitig erkennt und sich ihm unbeschadet entziehen will, hat dazu eigentlich nur zu Beginn der Phase 2 eine Chance. Dann, wenn die Mobber gerade beginnen, sich aktiv auf ihr Opfer zu stürzen. Um den Teufelskreis zu durchbrechen, muss man die Taktiken der Mobber kennen. Leymann hat in seinen Forschungen 45 verschiedene Abläufe des Psychoterrors beobachtet:

1. Angriffe auf die Möglichkeiten, sich mitzuteilen

- Der Vorgesetzte schränkt die Möglichkeiten ein, sich zu äußern.
- Man wird ständig unterbrochen.
- Kollegen schränken die Möglichkeiten ein, sich zu äußern.
- Anschreien oder lautes Schimpfen.
- Ständige Kritik an der Arbeit.
- Ständige Kritik am Privatleben.
- Telefonterror.
- Mündliche Drohungen.
- Schriftliche Drohungen.
- Kontaktverweigerung durch abwertende Blicke oder negative Gesten.
- Kontaktverweigerung durch Andeutungen, ohne dass man etwas direkt ausspricht.

2. Angriffe auf die sozialen Beziehungen

- Man spricht nicht mehr mit dem/der Betroffenen.
- Man lässt sich nicht ansprechen.
- Versetzung in einen Raum weitab von Kollegen.
- Den Arbeitskollegen/innen wird verboten, den/die Betroffene/n anzusprechen.
- Man wird wie Luft behandelt.

3. Auswirkungen auf das soziale Ansehen

- Hinter dem Rücken des Betroffenen wird schlecht über ihn gesprochen.
- Man verbreitet Gerüchte.
- Man macht jemanden lächerlich.
- Man verdächtigt jemanden, psychisch krank zu sein.
- Man will jemanden zu einer psychiatrischen Untersuchung zwingen.
- Man macht sich über eine Behinderung lustig.
- Man imitiert den Gang, die Stimme oder Gesten, um jemanden lächerlich zu machen.
- Man greift die politische oder religiöse Einstellung an.
- Man macht sich über das Privatleben lustig.
- Man macht sich über die Nationalität lustig.
- Man zwingt jemanden, Arbeiten auszuführen, die das Selbstbewusstsein verletzen.
- Man beurteilt den Arbeitseinsatz in falscher und kränkender Weise.
- Man stellt die Entscheidungen des/der Betroffenen infrage.
- Man ruft ihm/ihr obszöne Schimpfworte oder andere entwürdigende Ausdrücke nach.
- Sexuelle Annäherungen oder verbale sexuelle Angebote.

4. Angriffe auf die Qualität der Berufs- und Lebenssituation

- Man weist dem Betroffenen keine Arbeitsaufgaben zu.
- Man nimmt ihm jede Beschäftigung am Arbeitsplatz, sodass er sich nicht einmal selbst Aufgaben ausdenken kann.
- Man gibt ihm sinnlose Arbeitsaufgaben.
- Man gibt ihm Aufgaben weit unter seinem eigentlichen Können.
- Man gibt ihm ständig neue Aufgaben.
- Man gibt ihm kränkende Arbeitsaufgaben.
- Man gibt dem Betroffenen Arbeitsaufgaben, die seine Qualifikation übersteigen, um ihn zu diskreditieren.

5. Angriffe auf die Gesundheit

- Zwang zu gesundheitsschädlichen Arbeiten.
- Androhung körperlicher Gewalt.
- Anwendung leichter Gewalt, z. B. um jemandem einen »Denkzettel« zu verpassen.
- Körperliche Misshandlung.
- Man verursacht Kosten für den/die Betroffene/n, um ihm/ihr zu schaden.
- Man richtet physischen Schaden im Heim oder am Arbeitsplatz des/der Betroffenen an.
- Sexuelle Handgreiflichkeiten.

Die Mobbing-Hitparade

Die Industriegewerkschaft (IG) Metall hat in einer Broschüre über Mobbing die zwanzig »beliebtesten« Mobbing-Handlungen aufgeführt. Die Reihenfolge sieht folgendermaßen aus:

Platz 1: Hinter dem Rücken wird schlecht über jemanden gesprochen.
Platz 2: Abwertende Blicke oder Gesten.
Platz 3: Kontaktverweigerungen durch Andeutungen.
Platz 4: Falsche oder kränkende Beurteilungen der Arbeitsleistungen; man wird »wie Luft« behandelt.
Platz 5: Gerüchte werden verbreitet, es gibt ständige Kritik an der Arbeit.
Platz 6: Vorgesetzte schränken Äußerungsmöglichkeiten ein.
Platz 7: Entscheidungen werden infrage gestellt.
Platz 8: Man bekommt Arbeitsaufgaben weit unter dem Können zugeteilt.
Platz 9: Der Betroffene wird lächerlich gemacht oder von den Kollegen geschnitten.
Platz 10: Ständige Unterbrechungen, Kollegen/Kolleginnen schränken die Äußerungsmöglichkeiten ein.

Platz 11: Die Kollegen lassen sich nicht ansprechen.
Platz 12: Anschreien, lautes Schimpfen.
Platz 13: Verdächtigung, psychisch krank zu sein, Zwang zu selbstwertverletzenden Arbeiten.
Platz 14: Mündliche Drohungen.
Platz 15: Zuteilung sinnloser Arbeitsaufgaben.
Platz 16: Ständig neue Aufgaben.
Platz 17: Man bekommt kränkende Arbeitsaufgaben zugeteilt.
Platz 18: Kollegen wird das Ansprechen verboten.
Platz 19: Angreifen der politischen Einstellung.
Platz 20: Ständige Kritik am Privatleben; man erhält keine Arbeitsaufgaben.

Übrigens: Frauen mobben häufig anders als Männer. Das vom Geschlecht abhängige Mobbing-Verhalten ist aber nicht allein auf psychische und erziehungsbedingte Unterschiede zurückzuführen. Vielmehr besitzen viele Männer auf Grund der ungleichen Verteilung von Positionen im Berufsleben andere Machtinstrumente als Frauen. (Siehe auch Kapitel 9: »Das extra gemeine Mobbing: Frauen gegen Frauen«.)

Die Bedeutung der Ebene, auf der gekämpft wird

Drei Richtungen des Mobbing wurden in Schweden untersucht: das auf derselben Ebene, das von oben nach unten und das dritte, welches sich von unten nach oben abspielt. Am häufigsten wird auf derselben Ebene gemobbt, dann folgen gleich die Chefs, die nach unten treten. Die Kombination aus diesen beiden »Tätergruppen«, also Mitarbeiter und Chefs gemeinsam, ist schon wesentlich weniger aktiv. Und das Mobbing von unten nach oben bildet zwangsläufig das Schlusslicht in dieser kleinen Statistik. Wer traut sich schon, richtig massiv gegen seinen Boss vorzugehen? Der Schuss könnte zu leicht nach hinten losgehen.

Die Ebene, auf der gemobbt wird, ist insofern von großer Bedeutung, weil dort entschieden wird, welche Handlungen zum Einsatz kommen, um das Opfer mürbe zu machen. Will man den Arbeitsbereich eines Angestellten verändern, muss man die Befugnisse dafür haben, also der Vorgesetzte sein. Solche Arten von Mobbing-Handlungen können demzufolge nur von oben nach unten stattfinden.

Läuft das Mobbing auf derselben Ebene ab, sieht die Situation schon ganz anders aus. Hier kommt es darauf an, an welcher Stelle der Hierarchie die Kollegen stehen. Auf höherem Level geht es meistens direkt um die Arbeit und/oder die Leistung des anderen. Das Opfer kann z. B. an einer konstruktiven Tätigkeit gehindert werden, indem man ihm wichtige Informationen vorenthält und es boykottiert. Auf der unteren Ebene dagegen nutzen die Mobber gerne die Privatsituation des Kollegen aus, weil ihre Arbeit so monoton und banal ist, dass sie wenig Zündstoff für Mobbing-Attacken bietet.

Wenn die Leistung niedergemacht wird

Es scheint so manchem Mobbing-Opfer mit Recht völlig absurd vorzukommen, wenn es über Nacht plötzlich vom einstigen Paradebeispiel an Kreativität, Fleiß und Intelligenz zum Taugenichts abgestempelt wird, der keine Ideen hat, stinkfaul ist und eigentlich noch nie viel zu bieten hatte. Doch wenn gemobbt wird, zählt die Vergangenheit nicht. Geschieht es aus Neid, dass man auf der Mobbing-Liste landet, dann werden die Erfolge der Vergangenheit einfach ignoriert, damit der Spuk beginnen kann. Oftmals werden nachträglich sogar offizielle Erfolge und Leistungen niedergemacht, um eine Rechtfertigung für das Mobbing zu haben. Da heißt es dann: »Das hätte er/sie ohne die Hilfe von anderen Kollegen sowieso nicht hingekriegt!«, oder »So wie der geartet ist (egal ob er so still oder so temperamentvoll ist), schafft er das Projekt nie!«

So etwas tut dem Opfer weh und das ist auch der Sinn und Zweck. Der Betroffene soll gezielt gekränkt werden und Selbstzweifel bekommen. Jemand, der weiß, was er kann und leistet und auf einmal als unfähig hingestellt wird, wird daran erst einmal zu knabbern haben. Inzwischen können die Mobber ungeniert und in Ruhe weiteroperieren.

Ist man in der Firma neu und möchte sich erst einmal durch besondere Leistungen bewähren, wird einem durch Mobbing oft sofort jede Chance dazu genommen. Auch wenn einen der letzte Arbeitgeber nur ungern ziehen ließ, kann man als Neuer in einem anderen Betrieb sofort als ungeeignet abgestempelt werden. Denn die Angst vor dem Unbekannten, der für eine Position eingekauft wurde, auf die langjährige Betriebszugehörige schon eine Weile spekulierten, wird von den alten Kollegen häufig so kompensiert, indem sie den Neuen von Beginn an auflaufen lassen.

Wie kann man sich gegen solche Vorgänge wehren?

Wer versucht, mit der Kritik und den Anfeindungen zu leben oder sich gar extra anzustrengen, um damit das Gegenteil zu beweisen, wird bald merken, dass er damit keinen Schritt weiterkommt. Wenn Ihnen die Kollegen an den Karren fahren wollen, dann finden sie dafür immer einen Grund. Deshalb kann es sich lohnen, in die Offensive zu gehen.

- Zeigen Sie Selbstbewusstsein, wenn Sie einen Fehler gemacht haben! Geben Sie ihn zu, aber machen Sie den Kollegen gleichzeitig klar, dass Sie dafür nun genug gerügt worden sind und weitere Anspielungen diesbezüglich für überzogen und unsachlich halten.

- Weisen Sie auf Ihre Stärken hin! Wer in der Lage ist, seine eigenen Fehler zuzugeben, kann auch im passenden Moment seine Stärken hervorkehren.
- Machen Sie sich die gegnerischen Schwächen zunutze! Seien Sie großzügig, wenn ein Kollege einen Fehler verursacht, aber machen Sie ihn darauf aufmerksam: »Das kann doch jedem mal passieren, nobody is perfect! Letztes Mal ich, heute Sie…« So demonstrieren Sie auf diplomatische Art, dass es Ihnen sehr wohl aufgefallen ist, dass gegen Sie gestichelt wird, aber dass Sie das nicht mit gleicher Münze heimzahlen wollen. Versuchen Sie jedenfalls erst mit guten und direkten Worten sich gegen Anfeindungen zu wehren. Nutzt das nichts, können und müssen Sie einen klareren und bestimmteren Ton »dem Feind oder der Feindin« gegenüber anlegen.

Wenn die Privatsphäre verletzt wird

Mobber brauchen, wie schon erwähnt, keinen besonderen Grund, um einem lästigen Kollegen das Leben schwer zu machen. Ergibt sich aus dem Arbeitsfeld des Opfers keine Angriffsfläche, so schöpft man eben seine Privatsphäre aus, um ihn zu verletzen. Und das geschieht leider häufiger, als man denkt. Dabei wird oft nicht einmal vor körperlichen Behinderungen oder schweren Krankheiten Halt gemacht.

Extrem wichtig scheint den Widersachern das Aussehen ihres Sündenbocks zu sein. Figur und Kleidung werden genau unter die Lupe genommen und runtergemacht, aber auch Stimme, Dialekt, Gesten und Gang. Das Privatleben wird durchgekaut (z. B. die Scheidung eines/r Kollegen/in), lächerlich gemacht und öffentlich besprochen. Hat sich das Opfer mit einem privaten Problem irgendwann mal einem Kollegen anvertraut, so wird das gerne wieder aufgegriffen, publik gemacht und durch den Kakao gezogen. Meinungen und Überzeugungen religiöser oder politischer Natur sind willkommenes Futter für Mobber. Nicht selten passiert es auch, dass dem Leidtragenden persönliche Dinge entwendet oder zerstört werden, z. B. die Autoreifen durchstochen, die Handtasche durchstöbert oder die Topfpflanze geklaut.

Der Terror hört oftmals nicht einmal nach Feierabend auf: Anrufe, bei denen aufgelegt oder das Opfer beschimpft wird sind ebenso gängig wie die Tatsache, dass die Familie des Betroffenen mit hineingezogen wird. Beispiel: Der Ehepartner bekommt anonyme Briefe von Kollegen, die es natürlich nur gut meinen und den/die Partner/in nur »aus Gewissensgründen« darüber informieren wollen, dass der andere fremdgeht. Das muss überhaupt nicht der Wahrheit entsprechen, kann aber für reichlich Zündstoff in einer Ehe sorgen. (Siehe auch Abschnitt *Welche Mobbing-Taktiken am häufigsten angewandt werden* in diesem Kapitel.)

Wie kann man sich wehren, wenn die Privatsphäre verletzt wird?

Wer spürt, dass er schikaniert wird, sollte dem Spiel nicht zu lange tatenlos zusehen. Denn in der Regel ist es so, dass ein Täter erst einmal abtastet, wie weit er gehen kann. Wird er nicht gestoppt, werden seine Beleidigungen und Unterstellungen bald ausufern. Schon bei den ersten Anzeichen gemeiner Attacken sollte der Angegriffene sich daher wehren; denn zu diesem Zeitpunkt hat er auch noch die nötige Kraft und das Selbstbewusstsein dazu, um das böse Spiel abwenden zu können.

- Verbitten Sie sich Geschwätz über Ihr Privatleben! Sprechen Sie den Angreifer bestimmt und wirkungsvoll auf seine Bemerkungen an: »Meine Privatsphäre geht Sie nichts an. Ich möchte in Zukunft nichts mehr dergleichen hören.« So wird sofort klar, dass man Sie nicht so leicht mobben kann.

- Drehen Sie den Spieß um! Nehmen Sie den Beleidiger auf die Schippe, indem Sie ihm sagen: »Mein Privatleben scheint Sie sehr zu beschäftigen. Ich schließe daraus, dass Sie selbst mit Ihrem im Moment Probleme haben. Stimmt's?« Damit blamieren Sie ihn und er lässt die Attacken in Zukunft vielleicht bleiben. Es kann allerdings auch passieren, dass er jetzt aus Wut auf Sie erst recht angreift. Das müssen Sie einkalkulieren.
- Schaffen Sie sich frühzeitig eine Lobby! Wenn Sie ein paar Kollegen auf Ihrer Seite haben, hat ein Mobber nicht so große Chancen, als wenn Sie allein sind.
- Wenden Sie sich an obere Instanzen! Wenn Sie das Gefühl haben, dass Sie nun selbst nichts mehr bewirken können, suchen Sie ein Gespräch mit Ihren Vorgesetzten oder dem Betriebsrat. Schildern Sie Ihre Situation präzise, auch wenn es Ihnen schwer fällt. Es ist immer besser, wenn Sie von sich aus kommen und reden, als wenn der Mobbing-Prozess schon so weit fortgeschritten ist, dass man Ihnen Vorwürfe macht (Fehlzeiten!) und Sie sich verteidigen müssen. Dann hätten Sie nämlich die wesentlich schlechtere und auch aussichtslosere Position.

4 Sexuelle Belästigung am Arbeitsplatz

Der Fall der Vanessa K.

Die Industriestaaten haben inzwischen sexuelle Belästigung am Arbeitsplatz als ernst zu nehmendes Problem erkannt. Vor allem in den USA hat das zu einem deutlichen Anstieg gerichtlicher Auseinandersetzungen geführt. Doch auch in Deutschland wagen sich Betroffene zunehmend an die Öffentlichkeit. Über den folgenden Fall berichtet der Fernsehsender PRO 7:

»Vanessa K. arbeitete seit fünf Jahren als Buchhalterin bei einer Heizungsablesefirma in Hamburg. Die 25-Jährige ist hübsch und fleißig und hatte schnell viele Neider in der Firma gegen sich. Der 29-jährige Betriebsratsvorsitzende Andreas H. hatte sie schon mehrmals in der Firma belästigt, indem er ihr an den Busen gefasst oder sie auf den Hals geküsst hatte. Diese Angriffe passierten immer ohne Zeugen. Aus Scham erzählte Vanessa niemandem etwas davon. Bis sie an einem Samstagnachmittag in der Firma noch Akten aufzuarbeiten hatte. Andreas H. kam zu ihr ins Büro, zwang sie erst zum Oralsex und steckte dann seine Hand in ihre Hose. Vanessa konnte fliehen. Aber erst als der Betriebsratsvorsitzende ihr drohte, sie umzubringen, falls sie etwas verraten würde, meldete sie den Vorfall dem Filialleiter. Der schickte sie zur Polizei. Nach der Anzeige wurde der Filialleiter versetzt, die Zentrale beurteilte den Vorfall als lapidaren Flirt und Vanessa wurde seitdem als Störerin des Betriebsklimas gemobbt. Sechs Monate später erhielt sie aus fadenscheinigen Gründen ihre Kündigung. Erst dann wandte sie sich an einen Anwalt und brachte die ganze Sache vor Gericht. Das Arbeitsgericht gab ihr Recht, der Kündigungsgrund wurde nicht akzeptiert. Im Februar 2000 verurteilte das Strafgericht schließlich den Betriebsratsvorsitzenden zu zwei Jahren und sechs Monaten Haft.«

Nach einer Umfrage des Bundesministeriums für Jugend, Familie und Frauen sind etwa 72% der befragten weiblichen Arbeitnehmer schon einmal von Männern am Arbeitsplatz sexuell belästigt worden (Schriftenreihe des BM, Band 260). Mehr als die Hälfte klagt über indiskrete Bemerkungen über ihre Figur oder ihr sexuelles Verhalten im Privatbereich. Beispiel: »Die kann zwar nicht viel, aber sie hat einen Riesenvorbau und ein geiles Hinterteil!« Derlei derbe Anspielungen ihrer männlichen Kollegen kriegen Frauen immer wieder mit. Doch ist das schon sexuelle Belästigung, und vor allem: Wann kann man solche Angriffe als Mobbing bezeichnen?

Die Frauenforscherin Monika Holzbecher und ihre Kolleginnen sprechen von »sexueller Belästigung«,

- wenn sich Männer so verhalten, dass es für Frauen erniedrigend und demütigend ist,
- wenn sie die von Frauen gesetzten Grenzen überschreiten,
- wenn Frauen nach Kritik oder Ablehnung mit negativen Folgen rechnen müssen.

Bereits 1986 hat der Internationale Gewerkschaftsbund in einer Entschließung die sexuelle Belästigung am Arbeitsplatz definiert: Dabei handelt es sich um »sexuelle Annäherungsversuche jeder Art in Form von Gesten und Äußerungen, jeder unerwünschte körperliche Kontakt, explizit sexuell abfällige Anspielungen oder sexistische Bemerkungen, die wiederholt am Arbeitsplatz vorgebracht und von der Person, an die sie sich richten, als beleidigend empfunden werden und zur Folge haben, dass diese sich bedroht, erniedrigt oder belästigt fühlt. Sexuell belästigend sind auch Anspielungen und sexistische Bemerkungen, die die Frauen in ihrer Arbeitsleistung beeinträchtigen, ihre Einstellung gefährden oder am Arbeitsplatz eine unangenehme oder einschüchternde Atmosphäre schaffen.«

Am häufigsten gaben Frauen bei oben erwähnter Umfrage folgende Übergriffe von Männern an:

Anstarren, Hinterherpfeifen, taxierende Blicke	84%
anzügliche Witze	81%
scheinbar zufällige Körperberührungen	70%
anzügliche Bemerkungen über Figur und sexuelles Verhalten im Privatleben	56%
unerwünschte Einladungen mit eindeutiger Absicht	35%
Pokneifen oder -klapsen	34%
Pornografische Bilder am Arbeitsplatz	33%
unerwartetes Berühren der Brust	22%
aufgedrängte Küsse	15%
Telefonate, Briefe mit sexuellen Anspielungen	14%
Aufforderung zu sexuellem Verkehr	12%
Versprechen beruflicher Vorteile bei sexuellem Entgegenkommen	7%
Androhung beruflicher Nachteile bei sexueller Verweigerung	5%
Zurschaustellen des Genitals	3%
Erzwingen sexueller Handlungen	3%

Betriebsärzte und Experten schätzen, dass mindestens 3–5% aller Mobbing-Fälle in Deutschland in den Bereich der sexuellen Belästigung fallen. Eindeutige Flirts oder richtiges Werben um die Frau sind dabei natürlich nicht berücksichtigt; da es sich hier ganz klar *nicht* um Mobbing handelt. Erst dann kann davon die Rede sein, wenn ein Mann oder mehrere einer Kollegin gegenüber immer wieder Anzüglichkeiten loslassen, die das eindeutige Ziel verfolgen, sie zu verletzen, zu ärgern oder zu diskriminieren.

Leider ist es immer noch so, dass einem beschuldigten Mann mehr geglaubt wird als einer belästigten Frau, sofern es keine Zeugen gibt. Bevor man ihm ein Haar krümmt, wird seine Tat in der Regel erst einmal als »bedauerliche Entgleisung« kräftig heruntergespielt und der Frau vorgehalten, sie hätte ihn (vielleicht wieder einmal durch einen zu kurzen Rock oder eine zu weit ausgeschnittene Bluse?!!!) dazu geradezu aufgefordert. Meistens passiert dem Herrn Anmacher nichts weiter, weil eine Kündigung natürlich »eine unzumutbare Belastung für ihn und seine Familie« wäre.

Der Vollständigkeit halber sei noch erwähnt, was Mobbing-»Chefforscher« Leymann zu diesem Thema herausgefunden hat: Seinen Untersuchungen zufolge sind sexuelle Belästigungen in Zusammenhang mit Mobbing eher selten. Nur eine/r von 400 Befragten war während eines Jahres sexuellen Belästigungen ausgesetzt. Entgegen den bisherigen feministischen Recherchen, die als Ziel der Belästigung den vollzogenen Beischlaf sehen, konnte Leymann dies nur in wenigen Fällen feststellen.

Er betont, dass auch Frauen zu der Tätergruppe gehören und dass Männer in einem Mobbing-Prozess ebenso sexuellen Belästigungen ausgesetzt sind – besonders häufig in der Form, dass man ihre Sexualität für Beleidigungen und Kränkungen ausbeutet. Beispiel: »Der hat doch ohnehin nichts in der Hose!«, oder »Wahrscheinlich kriegt er schon längst keinen mehr hoch!« So werden die sexuellen Fähigkeiten eines Mannes öffentlich infrage gestellt. Nicht selten werden Männer auch obszön beschimpft, während Frauen eher darunter zu leiden haben, dass man ihnen, so Leymann, »sexuelle Ausschweifungen andichtet«.

Die anders lautenden Ergebnisse der feministischen Forschung sieht er darin begründet, dass nicht nur Frauen, sondern beide Geschlechter befragt, seine Fragebögen gezielt verteilt wurden (und nicht nach Gutdünken), sich seine Fragen auf konkrete Handlungen bezogen (»Sind Sie von Folgendem belästigt worden?«) und nicht allgemein formuliert waren wie »Fühlen Sie sich belästigt?«.

Wen sexuelle Belästigung besonders trifft

Besonders verwerflich ist sexuelle Belästigung, wenn ein Abhängigkeitsverhältnis ausgenutzt wird, etwa wenn berufliche Vorteile versprochen oder Nachteile angedroht werden. In jedem Fall bedeutet sexuelle Belästigung am Arbeitsplatz eine massive Einschränkung des persönlichen Wohlbefindens und stellt ein Hindernis für eine echte Integration der Frauen in den Arbeitsmarkt dar.

Besonders anfällig für sexuelle Belästigungen sind Beschäftigte, die scheinbar leichter angreifbar sind, wie z. B. geschiedene und getrennt lebende Frauen, junge Frauen und Frauen, die erst seit kurzem im Arbeitsleben sind, Auszubildende und Beschäftigte mit ungesicherten Arbeitsverträgen. Auch behinderte Menschen, schwule Männer und lesbische Frauen sowie Angehörige ethnischer und nationaler Minderheiten sind besonders oft betroffen. Sexuelle Belästigung kann auch zwischen gleichgeschlechtlichen Personen vorkommen.

Anmache und Belästigung funktionieren, weil die Betroffenen oft völlig überrascht und unvorbereitet sind und die Umgebung – wie bei anderen Formen des Mobbings auch – meist mit Wegsehen und Totschweigen reagiert oder sich aus Angst, Bequemlichkeit oder Gesinnungsbrüderschaft auf die Seite des Belästigers schlägt.

Meist handelt es sich bei denen um »ganz normale Männer«, aber im Gegensatz zu den Opfern arbeiten sie oft in gesicherten Positionen. Diese Männer sehen Frauen im Betrieb nicht als gleichwertige Kolleginnen an. Sexualität wird gezielt als Mittel eingesetzt, um Macht zu demonstrieren und berufliche Vorrangstellung zu behaupten. Durch Unterschiede in Position, Alter und Dauer der Betriebszugehörigkeit können sich die Opfer oft nur schwer gegen sexuelle Übergriffe wehren.

Wer als Betroffener sexuelle Übergriffe in Betrieben anspricht, muss mit Schuldzuweisungen rechnen. Opfern von

Belästigungen wird vielfach Mitschuld unterstellt und nicht selten sind sie es, die den Arbeitsplatz wechseln (müssen). Kommen die Verursacher fast immer ungestraft davon, kommt es für die Belästigten dicke: erstens durch die Belästigung selbst, zweitens, wenn sie die Übergriffe öffentlich machen und drittens durch die Folgen, die sie tragen müssen. Hier zeigt sich die enge Beziehung zwischen sexueller Belästigung und Mobbing: Zum einen kann sexuelle Belästigung als eigenständiges Problem betrachtet werden, hat dabei aber vergleichbare Folgen für die Opfer. Zum anderen gehört die sexuelle Belästigung zu den Varianten der Mobbing-Handlungen.

Eindeutiger als beim Mobbing sind bei sexueller Belästigung die rechtlichen Grundlagen: In der Rechtsprechung herrscht Einigkeit, dass sie strafbar ist. Neben einer Vielzahl rechtlicher Grundlagen wurde – geleitet vom Gedanken, dass sexuelle Belästigung die beruflichen Entwicklungschancen der Betroffenen, also meist der Frauen, massiv beeinträchtigt – im Rahmen des Zweiten Gleichberechtigungsgesetzes 1994 das Gesetz zum Schutz der Beschäftigten vor sexueller Belästigung am Arbeitsplatz, kurz auch als Beschäftigtenschutzgesetz bezeichnet, in Kraft gesetzt. Es hat zum Ziel, die Würde von Frauen und Männern zu wahren, indem die Arbeitgeber und Dienststellen verpflichtet werden, die Beschäftigten vor sexueller Belästigung zu schützen.

Was kann man gegen sexuelle Belästigung tun?

Für die Betroffenen selbst gibt es keine Patentrezepte, da jeder Fall anders liegt. Niemand muss aber machtlos sein!

Frauen sollten sich offensiv zur Wehr setzen, nicht aus Scham den Mund halten, sondern einen Verbündeten suchen und auch den Vorgesetzten über die Vorfälle aufklären.

Sie müssen dem Täter unbedingt deutlich machen, dass dessen Übergriffe unerwünscht sind und, wenn möglich, ein klärendes Gespräch mit ihm führen. Welche Abwehrmaßnahmen gewählt werden, hängt ab von der Art der Belästigung, der persönlichen und beruflichen Situation des Opfers und des Täters, der Größe des Betriebes usw.

Auch ein Mobbing-Tagebuch kann zur Dokumentierung helfen (siehe Kapitel 11). Notieren Sie jede Stichelei, jede Schikane und Belästigung mit Zeit- und Ortsangaben. Leiten Sie, wenn nötig, juristische Schritte ein. Sexuelle Übergriffe verstoßen gegen Gesetze. Allerdings ist der Nachweis sehr schwer. (Siehe auch Kapitel 13: »Mobbing und Recht«.)

5 Modernes Mobbing: Terror mit Computer, E-Mail, Internet und Co.

Clevere Mobber machen sich immer mehr die moderne Technik zu Nutze. In einem Interview mit der *BILD*-Zeitung legte Lothar Drat (46), Vorsitzender des »Vereins gegen psychosozialen Stress und Mobbing«, Wiesbaden, offen: »Da werden skrupellos Fehler in Texte eingebaut, Dateien gelöscht, sogar Verleumdungen verbreitet. Ein Hightech-Terror, mit dem die Täter das Selbstwertgefühl eines Menschen völlig zerstören können.«

Die Vorzüge der neuen Technik haben daher auch ihre Tücken – denn man kommt den Tätern nur selten auf die Spur, da sich kaum nachvollziehen lässt, wer da am PC des Kollegen manipuliert hat. So ereignete sich laut eines Berichtes der *BILD*-Zeitung vom 17. Juni 2000 Folgendes:

Als in Duisburg ein Projektleiter (37) im öffentlichen Dienst seinen Vorgesetzten das neue Personalkonzept seiner Abteilung vorstellen wollte, kamen diese aus dem Staunen nicht mehr heraus: Die erste Grafik, die der Mann aus seinem Laptop per Video-Beamer auf die Leinwand übertrug, zeigte keine Konzeptdaten, sondern nackte Frauen! Beinahe wäre der Projektleiter gefeuert worden, bis sich herausstellte, dass ein Kollege dessen Computer manipuliert hatte.

Auch mit E-Mails wird immer häufiger Schindluder getrieben. Da lassen sich persönliche Nachrichten durch eine Manipulation der E-Mail-Adresse von der gesamten Belegschaft mitlesen. Und, noch infamer, weil nur durch langwierige Erklärungen wieder gutzumachen: per E-Mail können natürlich elektronische Briefe »anonym« verschickt werden, deren Absender nur scheinbar auf den ersten Blick eindeutig auszumachen ist. Mit diesem System soll ausgerechnet in der Zentrale des Elektronik-Giganten »Microsoft« auf höchster Ebene außerordentlich gemobbt worden sein.

Dem Mobbing sperrangelweit offen steht leider auch das World Wide Web – sprich: Internet. So musste eine Lehrerin (36) aus Berlin zu ihrem Entsetzen ihr Foto im Internet entdecken mit einem Text, der sie als Prostituierte hinstellte. Fast harmlos dagegen der »Scherz«, mit dem eine Bankkauffrau (29) aus München erschreckt wurde: Kollegen, die wussten, dass die Frau panische Angst vor Spinnen hatte, installierten heimlich einen neuen Bildschirmschoner. Als auf dem Monitor lebensgroße Vogelspinnen auftauchten, erlitt die Bankerin beinahe einen Nervenzusammenbruch.

Vor allem bei großen Unternehmen gilt, dass dort Netzwerkadministratoren sitzen, die ohne weiteres die Möglichkeit haben, sich auf die Computer der Mitarbeiter zu schalten (und z. B. deren E-Mails zu lesen). Wer dies nicht möchte, hat die Möglichkeit, beispielsweise seine E-Mails im Textverarbeitungsprogramm »Word« zu schreiben, anschließend mit einem Passwort zu zippen – also zu verschlüsseln – und den Empfänger telefonisch zu benachrichtigen.

Rein theoretisch ist der Mitarbeiter, dessen PC an ein Netzwerk angeschlossen ist, ein »gläserner« Zeitgenosse. Für jeden Tastendruck gibt es diverse Protokolle; www-Adressen können gespeichert und ausgelesen, Verweildauerstatistiken angefertigt werden. Sprich: Arbeitgeber können sich informieren, wer wie lange im Internet surft. Keine Kunst ist es für technisch einigermaßen Begabte, z. B. Pornobilder als Bildschirmhintergrund zu installieren.

Ein Computerspezialist: »Nur echte Freaks können so einen Mobber überführen. Praktisch kann das jeder sein. Die einzige ›Gegenmaßnahme‹ ist die Einrichtung eines Passwortes, damit die ›lieben Kollegen‹ nicht an den Computer können.«

Auf einen besonders pikanten Fall zum Thema Internet-Mobbing stieß ich bei der Recherche zu diesem Buch. Per E-Mail versuchte ich mit der bundesweit agierenden Mobbing-Zentrale mit Sitz in Hamburg Kontakt aufzunehmen. Nachdem ich 14 Tage nichts aus Hamburg gehört hatte, probierte ich es noch einmal auf dem guten alten Telefonweg. Dabei erfuhr ich, dass man meine E-Mail leider nie erhalten habe. Der Grund: eine besonders fiese Art von – genau! – Internet-Mobbing.

Auf ihrer Homepage unterhält die Mobbing-Zentrale neben vielen informativen Seiten auch ein Forum, in dem sich Betroffene austauschen können. Dieses Forum benutzte nun ein übel wollender Zeitgenosse, um in Form einer Anlage, die angeblich ein Dokument erhielt, ein Virus einzuschmuggeln. Auf diese Weise legte er den Server der Mobbing-Zentrale lahm, vernichtete die Festplatte samt Inhalt (darunter 1200 Adressen der Mitglieder) und sorgte dafür, dass die Arbeit der Mobbing-Zentrale für geraume Zeit ziemlich gehandicapt war. Die Mobbing-Experten haben daraus gelernt: Künftig läuft die Homepage auf einem eigenen Server, damit die Verwaltung nicht mehr durch derartige »Attentate« in Mitleidenschaft gezogen wird.

6 Wer sind die Mobber?

Was sind Mobber für Menschen?

Immer, wenn Menschen sich aus irgendwelchen Gründen gegenseitig das Leben schwer machen, gibt es Täter und Opfer. Nicht zu vergessen sind die vermeintlichen Außenstehenden, die fast immer mit zu diesem Kreis gehören. Da gibt es die, die offen zu einer Partei halten, und die, welche am liebsten auf beiden Hochzeiten tanzen und sich am Ende die zunutze machen, bei der sie den für sich größten Profit herausholen können.

Ob es sich nun um einen Ehekrieg daheim handelt oder um einen Kleinkrieg mit den Nachbarn, die Auseinandersetzung läuft immer nach dem gleichen Schema ab. So auch im Berufsleben. Der engagierte Täter sucht und findet immer einen Grund, sein Opfer zu terrorisieren. Die beiden Berliner Psychologen Jürgen Hesse und Hans Christian Schrader beschreiben die Situation in ihrem Buch *Krieg im Büro* folgendermaßen: »Der Angreifer, der böse aktive Täter, sucht sich sein unschuldiges, passives Opfer. Der Kampf kann beginnen, die Sympathisanten und Zuschauer können schon Platz nehmen. Die einen auf der Seite des Opfers, die anderen mit mehr oder weniger klammheimlicher Freude auf der Seite des Täters.«

Doch was sind aktive Mobber für Menschen? Genauso wenig wie es das typische Opfer gibt, gibt es auch keinen typischen Täter. Oftmals handelt es sich bei Menschen, die so einen Terror ausüben und scheinbar ihren Spaß daran haben, auch um Opfer. Um Opfer ihrer Lebensumstände oder ihrer Vergangenheit. Hesse und Schrader dazu: »Jemand, der

z. B. eine schreckliche Kindheit erlebt und Gewalt ausgesetzt war, also ein Opfer war, könnte unter Umständen später den Versuch unternehmen, sich für das Erlittene zu rächen, indem er ›den Spieß umkehrt‹, selbst zum Täter wird und andere zu Opfern macht. Mit anderen Worten: Wie du mir, so ich dir.« Dies soll jedoch nicht als Freispruch für Mobber und ihre Gemeinheiten verstanden werden. Eher als Erklärung dafür, dass Menschen, die anderen wehtun, oft mit sich selbst große Probleme haben.

Doch nun zu einer kleinen, amüsanten Typologie von Tätern, die keinen Anspruch auf Vollständigkeit erhebt und deutlich macht, dass auch als Mobber (fast) jeder infrage kommen kann. Typologien haben ihre Schwächen, weil niemand – weder Mobber noch Opfer – nur so ist, wie er hier allgemein beschrieben wird. Bei den meisten Menschen handelt es sich um Mischtypen, die von hier was und von da was in sich vereinen. Um eine gewisse Ordnung in die Sache zu bringen, erfüllen Typologien aber sicher ihren Zweck.

Der Intrigant, der übertreibt, verdreht und lügt, was das Zeug hält

Unter »Intrigen« und »intrigieren« steht im Lexikon: hinterlistig angelegte Verwicklung, gegen jemanden auf hinterlistige Art arbeiten, ein Komplott schmieden zur Durchsetzung eigener Ziele gegenüber anderen. Der Intrigant ist ein Wolf im Schafspelz; denn er verdreht, übertreibt und lügt, was das Zeug hält. Und das im süßesten Tonfall! Er will gezielt verwirren, Schaden anrichten und dann daraus seinen Vorteil ziehen. Er ist gierig nach Macht und Einfluss auf bestimmte Personen und Entscheidungen. Intriganten operieren auf allen Ebenen: von unten nach oben, von oben nach unten und natürlich auch auf gleichem Level. (Siehe auch Kapitel 3, Abschnitt *Die Bedeutung der Ebene, auf der gekämpft wird.*) Hauptsache, sein

Vorgehen bringt dem Übeltäter innere Zufriedenheit. Er ist auch gerissen genug, um sich dabei nicht ertappen zu lassen, und lässt lieber andere für sich handeln, anstatt sich selbst die Finger zu beschmutzen. Hier ein Beispiel, wie ein Intrigant – nennen wir ihn einfach mal Martin F. – vorgeht:

Martin F., der schon lange einen wichtigen Posten anpeilt, zu seinem Kollegen Hans R.: »Haben Sie schon mitgekriegt, wie der neue junge B. über den Boss redet? Nach vier Wochen in einem Betrieb kann man sich solche Urteile doch noch nicht erlauben! An Ihrer Stelle würde ich aufpassen, dass der Sie nicht auf dem Weg nach oben überfährt. Ich meine es nur gut mit Ihnen.«

Hans R.: »Da haben Sie Recht. Ich fand den Rotzlümmel eigentlich sehr erfrischend und gut, aber was Sie da sagen, macht mich schon sehr stutzig...«

Was Martin F. erzählte, beschäftigt Hans R. nachhaltig, der schon ein bisschen Vertrauen zu dem jungen neuen Kollegen B. gefasst hatte. Irgendwie ist er Martin F. fast ein bisschen dankbar, dass er ihn über B. »aufklärte«. Und von nun an, nimmt sich Hans R. vor, wird er dem jungen Mann ein bisschen anders begegnen als bisher. Vorsichtiger und misstrauischer eben...

Der Intrigant hat also erreicht, was er wollte, und bei Hans R. einen Faden gegen B. gesponnen. Oftmals haben solche Leute auch gar kein besonderes Ziel oder können keinen direkten Nutzen aus ihrem Spiel ziehen. Sie betreiben das Intrigieren wie eine Art Sucht, die sie gewissermaßen in einen Rauschzustand versetzt und auch ständig wiederholt werden muss. *Ein sehr großer Teil der Mobber dürfte wohl der Gruppe der Intriganten zugerechnet werden.* Einen geschickten und raffinierten Intriganten aber zu überführen ist in der Regel für das Opfer äußerst schwierig, wenn nicht gar aussichtslos. Da bedarf es detektivischer Kleinstarbeit und welcher Gemobbte hat dafür die Nerven, die Kraft und die Zeit?

Wenn wir ehrlich sind zu uns selbst, müssen wir zugeben, dass (fast) alle schon mal – wenigstens ein bisschen – intrigiert haben oder es zumindest versuchten. Ganz frei von solchen Zügen sind wohl nur wenige hehre Gemüter. Intrige fängt nämlich bereits bei harmlosen Klatschgeschichten an und geht mit Witzen auf Kosten anderer weiter. Es ist eben einfacher, versteckt gegen einen Kollegen vorzugehen, anstatt sich der direkten Konfrontation mit ihm zu stellen. Und ein bisschen feige sind leider auch die meisten Menschen.

Warum aber intrigiert jemand? Man kann davon ausgehen, dass es sich dabei um einen ziemlich unzufriedenen Menschen handelt. Er hat häufig schon in der Kindheit und vermutlich bis zum heutigen Tag Neid und Missgunst erfahren und Pech mit partnerschaftlichen und zwischenmenschlichen Beziehungen gehabt. Der Intrigant leidet unter seiner Bedeutungslosigkeit, hat den starken Wunsch nach Macht, aber nicht genug Mut und Kraft, diese einzufordern. Dafür zieht er lieber im Hintergrund die Fäden und hat diese umso fester in der Hand. Wenn Sie jemanden als Intriganten entlarven, halten Sie sich möglichst fern von ihm, liefern Sie ihm keine Munition für seine scharfen Schüsse! Sie könnten Sie schwer treffen.

Der Karrieretyp, der keine fremden Götter neben sich duldet

Christian K. nahm sich schon als Schüler vor, im Beruf etwas zu erreichen. »Ich werde Chef«, versprach er sich selbst und seinen Eltern. Und seitdem verfolgt er dieses Ziel um jeden Preis. Für eine Partnerin hat er keine Zeit, sein Hobby ist die berufliche Fortbildung und den Urlaub schenkt er der Firma. Nicht auszudenken, wenn er mal fehlen würde! Allein die Angst, ein anderer Kollege könnte sich in seiner Abwesenheit als genauso gut und kompetent erweisen wie er, würde ihn umbringen. Da bleibt er lieber gleich am Platz. Seinen

Vorgesetzten gegenüber verkauft er sich als einer, der Tag und Nacht nur an das Wohl des Betriebs denkt, und den Kollegen gegenüber setzt er die Ellenbogen ein, um allein auf der Überholspur nach vorne zu fahren. Sein Motto: Nach oben kräftig buckeln, nach unten feste treten!

Wer ihm in die Quere kommt, der wird gnadenlos ausgebootet. Dabei sind ihm alle Mittel des Mobbings recht, denn er duldet partout keine fremden Götter neben sich. Er ist immer so anpassungsfähig, wie es für sein Weiterkommen wichtig ist, und ändert seine Meinung je nach Bedarf. Jemand, der ihm auf dem Weg nach oben nützlich sein könnte, wird von ihm nie eine Widerrede bekommen. Kollegen tuscheln hinter seinem Rücken: »Der rutscht doch bald auf seiner eigenen Schleimspur aus!«

Hat er endlich die Spitzenposition erreicht und spürt die dünne Luft da oben, mag er sich wohl toll fühlen – aber mit Sicherheit auch sehr einsam. Von seinen Untergebenen, an denen er mit Vollgas und meistens ohne Rücksicht vorbeigebrettert ist, kann er keine großen Sympathien erwarten.

Karrieretypen sind in ihrer Kindheit nicht selten zurückgewiesen worden und versuchen dies nun zu kompensieren, indem sie etwas Großes erreichen und dafür Anerkennung ernten. Schaut alle her, denkt sich so ein Emporkömmling, jetzt zeig ich's euch! Ich, der kleine Christian, über den ihr immer gelächelt habt… Die Quittung für seinen Sprint nach oben und den meist stressigen Aufenthalt dort bekommt er oft in Form von psychosomatischen Erkrankungen, innerlichen Zusammenbrüchen oder auch Familiendramen. Es fragt sich wirklich, ob sich der ganze Aufwand letztlich lohnt.

Wenn Sie einem Karrieretypen begegnen, versperren Sie ihm den für ihn so wichtigen Weg nicht, sondern lassen Sie ihn laufen! Sehen Sie zu, dass er so schnell wie möglich an Ihnen vorbeizieht. Sie wissen doch: Reisende soll man nicht aufhalten.

Der Neider, den das Gehalt der anderen mehr beschäftigt als die Arbeit

Der Neider ist ein enger Verwandter des Intriganten, weil er ebenso wenig direkt auftritt, sondern lieber versteckt im Hintergrund anderen ihren Erfolg oder Besitz nicht gönnt. Er möchte unbedingt Gleiches haben wie der Beneidete, selbst dann, wenn er nicht einmal genau weiß, ob, was und wie viel der andere nun mehr hat. Die Angst, vielleicht ein bisschen benachteiligt sein zu können, ist so groß, dass sie ihn täglich aufs Neue beschäftigt.

Wir gehen hier von den notorischen Neidern aus, nicht von denen, die sich hin und wieder mal sagen: Mensch, nun hat der andere dies oder jenes Glück gehabt, das hätte mich auch gefreut. Warum immer der und nicht ich? Denn dass man mal auf das neue Auto, den tollen Partner oder das Lottoglück eines anderen neidisch ist, ist menschlich und natürlich und wird oft auch ohne Probleme zugegeben. Im Klartext heißt das: Der Neid hält sich in Grenzen, man gönnt's dem anderen, aber hätte es auch gern gehabt.

Der gewohnheitsmäßige Neider jedoch – nennen wir ihn einfach Paul K. – beobachtet mit Argusaugen, was sich sein Kollege gönnt. Hat dieser einen neuen Mantel, eine neue Tasche oder vielleicht eine größere Wohnung gemietet, dann ereifert sich der Neider sofort: »Der muss ja gut verdienen hier, sonst könnte er sich das nicht leisten. Wahrscheinlich macht er nebenbei noch Geschäfte. Das kriege ich raus …« Heimlich recherchiert er, was der »böse« Kollege wohl für ein Gehalt hat, und legt sich auch gleich die Argumente zurecht, warum dieser so viel Geld eigentlich gar nicht verdient. Mit dieser Erkenntnis läuft er dann gerne zum Chef und plappert ihm so lange die Ohren voll, dass dieser tatsächlich irgendwann anfängt, darüber nachzudenken, ob der Kollege nicht doch ein bisschen überbezahlt ist und ob seine Leistung auch wirklich dafür steht.

Doch nicht nur der Boss wird von Paul K. informiert. Auch bei den anderen Kollegen wird Stimmung gegen den einen gemacht, der sich etwas leistet, was andere vielleicht nicht haben. Leider sind viele Menschen empfänglich für solche Kanonaden, weil sie sich das eine oder andere vielleicht auch schon lange wünschen. Der Mobber hat also leichtes Spiel und findet meistens schnell Gehör.

Wie kann man sich gegen den Typ Neider wehren? Ganz einfach: Schweigen und genießen! Wenn Sie sich ein neues Auto kaufen, nehmen Sie die gleiche Farbe, wie das alte hatte, um nicht aufzufallen. Wenn Sie im Urlaub ein exotisches Ziel anfliegen, erzählen Sie dem Neider lieber, dass Sie daheim bleiben und die Wohnung renovieren. Das beruhigt ihn. Es würde ihn dagegen umbringen, wenn er wüsste, dass Sie unter der Sonne von Bali am Strand liegen!

Leider sind wir hierzulande noch nicht so weit, wie es uns die Amerikaner tagtäglich vormachen: Sie mögen und akzeptieren den Mitmenschen, der Erfolg hat und sich etwas Besonderes leisten kann. Er ist einer von ihnen, der's geschafft hat! Darauf ist man stolz. Hier in Deutschland prallt einem stattdessen eine geballte Ladung Neid entgegen. Da drängt sich die Überlegung auf: Wenn wir schon so gerne Fast Food, TV-Seifenopern und noch vieles mehr von drüben fast kritiklos übernehmen, warum schauen wir uns dann nicht auch solche positiven Eigenschaften ab? Könnte uns nur gut tun …

Der Paniker, der keine Konkurrenz erträgt

Christine S. ist bei den meisten Kollegen nicht sehr beliebt. Sie ist von sich selbst und ihren Fähigkeiten sehr überzeugt, fragt mit wenig Gespür die Leute aus und erwartet mit verblüffender Selbstverständlichkeit, dass alle auf ihre Wünsche und Neigungen einzugehen haben. Will jemand nicht tun, was sie eben erwartet, droht sie sofort damit, es dem Chef zu petzen, was sie schließlich (mit immerhin 50 Jahren!) auch macht. Sofern der Vorgesetzte ihren kindlichen Beschwerden Gehör schenkt, kann er ihr damit Tür und Tor zum Mobbing öffnen.

Christine hat permanent Angst, jemand könne ihr Arbeit wegnehmen, obwohl sie darüber eigentlich froh sein müsste; denn sie ist nicht von der schnellen Truppe und tut sich oft schwer in der Ausführung bestimmter Aufgaben. Sie gerät schier in Panik, wenn sie Konkurrenz wittert, und lässt ihrer wohl angeborenen Hysterie dann freien Lauf. Wehe dem, der sich mit einer ähnlichen Sache beschäftigt!

Der Umgang mit Menschen ist ohnehin so eine Sache für unsere Panikerin ... Aber wenn sie dann einen Kollegen gefunden hat, der es erträgt, mit ihr zusammenzuarbeiten, der wird auch mit Haut und Haar beansprucht. Und dann wage es ja niemand sonst, sich mit diesem Menschen auch gut zu verstehen. Der gehört dann Christine, und zwar total, und ohne gefragt zu werden. Sollte er sich aus ihren Krallen befreien wollen, dann hat er nicht viel zu lachen – und wird meistens vorläufig als »ganz unverschämter und untreuer Mensch« ad acta gelegt.

Wenn Sie jemanden wie Christine S. kennen, lachen Sie drüber und gehen Sie ihr aus dem Weg! Die meisten in der Firma grinsen über so eine Dame, doch nehmen Sie sie nicht zu sehr auf die leichte Schulter! Wenn sie einen Vorgesetzten findet, der auf sie eingeht, kann sie nämlich durchaus zur aktiven Mobberin werden.

Der Tyrann, der am liebsten Angst und Schrecken verbreitet

Er gehört zu den Mobber-Typen, unter denen man extrem leidet: der Tyrann. Was für ihn einzig und allein zählt, ist Macht. Dafür geht er über Leichen. Er vereint die Rollen eines autoritären Herrschers, eines strengen Despoten und obersten Generals in einer Person und fühlt sich so auch am wohlsten. Durch rücksichtsloses Sich-nach-oben-Arbeiten landet er meistens in einer Führungsposition und genießt es dann sichtlich, seine Mitarbeiter mit erbarmungslosem Sadismus fertigzumachen. Ein Tyrann muss nicht immer den obersten Posten bekleiden, er kann auch im unteren Bereich der Hierarchie als kleiner Gruppenleiter agieren. Doch an seinem Verhalten ändert das nichts. Mag die Stellung auch noch so unbedeutend sein, wenn er etwas zu sagen hat, gestaltet er das Arbeitsleben allen, die ihm unterstellt sind, zur Hölle auf Erden. Indem er andere zutiefst verletzt und entwürdigt, behält er die Oberhand. Kompromisse schließt er grundsätzlich nicht und zuhören hat er nicht nötig. Das schlechte Betriebsklima, das er erzeugt, würde er niemals auf seine Kappe nehmen. Schuld sind grundsätzlich die anderen.

Läuft etwas nicht so, wie er sich das vorgestellt hat, reagiert er mit Wutanfällen und wilden Drohungen. Er scheint große Lust daran zu haben, Angst und Schrecken zu verbreiten, und geht sehr spitzfindig vor, um seine Ziele zu erreichen. In seine Nähe lässt er nur Leute, die sich ihm willig und kritiklos unterwerfen und auch seinen größten Irrtum noch gutheißen. Widerreden duldet der selbstherrliche Tyrann nicht. Es versteht sich von selbst, dass er dadurch nie die Wahrheit erfährt; denn niemand würde es jemals wagen, etwas auszusprechen, was er nicht hören will. Und seine leibeigenen, profillosen und meist auch unfähigen Lakaien weist er an, sich gezielt umzuhören und sofort Bericht zu erstatten, was andere Kollegen über ihn reden. Er hält sich also gewissermaßen Spione, die das Betriebsklima entsprechend verpesten. Der Psychoterror ist dem Kollegen, der an ihm auch nur den kleinsten Zweifel laut hegte, dann gewiss.

Dazu ein paar kleine, mildere Beispiele aus dem täglichen Berufsleben: Gerhard B. hat mit großem Machtbewusstsein und viel Buckeln nach oben eine Spitzenposition erreicht. Und die lebt er nun aus, indem er seine Mitarbeiter mit Unverschämtheiten brüskiert, die so manchem schwer an die Nieren gehen. So wollte die Kollegin Eva Z. einen Tag frei haben, um zum Begräbnis ihrer Großmutter gehen zu können. Gerhard B. sagte Nein. Angeblich wäre zu viel Arbeit da – und was ginge ihn schon diese Beerdigung an? Sie müsste wissen, welche Konsequenzen das hätte, wenn sie an diesem Tag nicht käme. Oder Kollege Michael A., der bei der Geburt seines ersten Kindes dabei sein wollte. Gerhard B. sagte ebenfalls Nein. »Ihre Frau schafft das auch ohne Sie, wir haben hier zu tun«, bemerkte er süffisant. Und als milde Abrundung des Persönlichkeitsbildes dieses Tyranns: Er selbst machte in einem Bericht einen Rechtschreibfehler (kaum zu glauben!), den eine Mitarbeiterin stillschweigend korrigierte.

Er zitierte sie: »Warum schreiben Sie das so?«

Sie: »Weil es vorher falsch war.«

Er: »Aber das habe ich selbst geschrieben!«

Sie: »Ich habe im Duden nachgesehen und es daraufhin geändert.«

Er: »Das ist mir egal, was im Duden steht! Wir schreiben das so, wie ich es hatte! Basta!«

Gerhard B. quält seine Mitarbeiter immer noch. Alle sehen zu und werden dabei immer kränker. Manche lassen sich von ihm total entwürdigen und ihre früher so engagierte Meinung auf null herunterdimmen. Könige sind immer noch die Einäugigen, die unter einem anderen Vorgesetzten nie ein Korn finden würden, und die, welche am besten petzen können. Die Leistung eines Mitarbeiters ist für einen Tyrannen ohnehin nur Nebensache.

Was steckt hinter der Fassade eines solchen Tyrannen? Zumeist ein von Minderwertigkeitskomplexen geplagtes Bündel Mensch. Die Psychologen Hesse und Schrader dazu: »Die durchaus überzeugend nach außen zur Schau getragene Macht verbirgt die innere Ohnmacht des Tyrannen. Selbstzweifel lässt er nicht aufkommen, ein kritisches Hinterfragen seiner selbst würde für sein in Wahrheit labiles Selbstgefühl eine zu große Gefahr bedeuten. Alles könnte wie ein Kartenhaus in sich zusammenfallen. Dagegen muss angekämpft werden, hartes Durchsetzen und -greifen ist also angesagt. Hintergrund und Quelle dieses tyrannischen, Angst einflößenden Verhaltens kann eigene, unbewusste, uneingestandene Angst sein. Wer sich selbst klein, hilflos und zutiefst unsicher fühlt, muss die anderen deckeln, um so unter Zwergen groß und mächtig zu erscheinen. Statt sich mit seiner eigenen Angst auseinander zu setzen, versetzt der Tyrann andere in Angst und Schrecken und genießt es, weil es ihn von seiner eigenen Angst ablenkt.«

Wie geht man mit so einem Menschen um? Wichtig ist, dass man sich erst einmal klar darüber wird, mit wem man es zu tun hat. Leider sind viele Opfer durch den Schrecken, den der Tyrann verbreitet, erst einmal wie gelähmt und lassen deshalb gerade beim bösesten aller Mobber-Typen zu viel geschehen, ohne sich zur Wehr zu setzen. Lassen Sie sich nicht von einem kleinen Lob einsalben, das Sie nach hundert Gemeinheiten endlich mal von ihm bekommen. Es ist eine schwierige Gratwanderung, mit einem Tyrannen richtig umzugehen.

Vermeiden Sie die direkte Konfrontation, aber lassen Sie sich auch nichts gefallen. Versuchen Sie, flexibel zu reagieren, zahlen Sie es ihm nicht mit gleicher Münze heim, auch wenn Sie das noch so gerne möchten! So zwingen Sie ihn, sich mit Ihnen aufs Neue auseinander setzen zu müssen. Lassen Sie sich nicht einschüchtern, zeigen Sie keine Unsicherheiten! Treten Sie gelassen-freundlich auf, gehen Sie aufrecht und senken Sie in einem Gespräch mit ihm nicht das Haupt. Auch wenn es noch so schwer fällt, ist es angebrachter, ihm eine Brücke zu bauen anstatt auf Konfrontation zu gehen, bei der Sie sowieso den schlechteren Part haben.

Wenn Sie es nicht schaffen, über Ihren Schatten zu springen und sich mit dem Tyrannen irgendwie zu arrangieren, sollten Sie sich so schnell wie möglich um eine andere Stelle bewerben.

Der Angsthase, der um seine Position bibbert

Wer durch Protektion einen Posten bekommen hat und nicht aufgrund besonderen Könnens, wird sich unterschwellig immer ein bisschen unsicher fühlen. Vor allem dann, wenn sein Förderer die Abteilung oder gar die Firma verlässt und der Nachfolger ihn mit kritischeren Augen betrachtet, als dem Angsthasen lieb ist. Die Sorge um die geschenkte Position ist oftmals so groß, dass ihm jedes Mittel recht ist, um sie zu erhalten. Da wird er zum Intriganten (siehe erster Abschnitt dieses Kapitels) und schreckt vor keiner üblen Nachrede zurück, oder er entpuppt sich als Trittbrettfahrer (siehe nächster Abschnitt), wenn er glaubt, auf diese Weise seinen Stand festigen zu können.

Der Angsthase ist in der Regel feige, geht am liebsten den bequemsten Weg und lässt sich sehr leicht aufhetzen. Deshalb ist er auch besonders gut als Mitläufer geeignet. Er neigt dazu, das nachzuplappern, was andere ihm einimpfen – ohne es selbst nachzuprüfen. So wird er gern zum Sprachrohr von »Profi«-Mobbern gemacht. Wenn er selbst mobbt, hat er meistens ein schlechtes Gewissen, verhält sich merkwürdig und ist demzufolge leicht zu durchschauen. Insgesamt kann er als schwacher, aber berechenbarer Charakter gesehen werden, der nie aus Bösartigkeit zum Mobber wird, sondern aus purer Angst und reinem Überlebenstrieb.

Ihn in den Griff zu bekommen ist nicht besonders schwierig. Sobald Sie merken, dass er gegen Sie schießt, sprechen Sie ihn direkt darauf an und verbitten Sie sich seine Vorgehensweise. Er wird sich in der Regel sofort ertappt fühlen, sich vielleicht sogar entschuldigen und dann zurückstecken. Die ganze

Situation ist ihm echt peinlich, am liebsten würde er sich dann verkriechen. Seine Angst, sich bei Ihnen unbeliebt zu machen, ist nämlich nicht minder groß als die Angst um seine Position.

Der Trittbrettfahrer, der sich durch Buckeln und Treten profilieren will

Er buckelt und buckelt und raspelt an oberster Stelle ganze Stapel von Süßholz: der Trittbrettfahrer, auch Radfahrer genannt. Die da unten, denen er was zu sagen hat, können danach auslöffeln, was er von oben aufs Dach gekriegt hat. Auf der einen Seite steckt er sofort zurück, wenn ein Vorgesetzter, von dem er sich abhängig fühlt, etwas für ihn Unverständliches von ihm fordert. Auf der anderen Seite aber gibt er seinen Frust darüber sofort weiter, indem er Kollegen terrorisiert und seine angestauten Aggressionen im Buckeln voll auslebt. Der Trittbrettfahrer hat viel vom Tyrannen, aber er ist auch ein arger, bisweilen jämmerlicher Kriecher.

Doch so fremd ist dieses Benehmen uns allen nicht. Sind wir nicht manchmal selbst so? Wenn wir uns über eine Autoritätsperson ärgern, geben wir den Groll darüber nur zu gern an den nächst Schwächeren weiter, der uns nichts anhaben kann. Dass niemand ganz frei von diesem Verhaltensmuster ist, zeigt das klassische Beispiel vom Familienvater, der gefrustet von der Arbeit heimkommt und erst einmal bei Frau und Kindern Dampf ablässt. Da werden die Kleinen dann wegen einer Nichtigkeit mit Taschengeldentzug oder Ähnlichem bestraft und die Frau ist just an diesem Tag natürlich nicht in der Lage, die Suppe so zu salzen, dass sie dem Herrn des Hauses schmeckt.

Der Trittbrettfahrer ist zum Mobben geradezu geboren; denn er spielt ohnehin ständig eine Doppelrolle und ist daher auch nicht leicht als Täter zu überführen. Vom Anbiederer und unterwürfigen Diener bis zum brüllenden Ungeheuer und sadistischen Widerling stellt er jeden Part dar. Vorgesetzte, die seiner Karriere irgendwann dienlich sein könnten, werden ihn ausschließlich als »freundlich und bezaubernd« erleben und fallen aus allen Wolken, wenn Beschwerden von unten über diesen netten Menschen eingehen. Denn nur die, denen er sich überlegen fühlt, lernen sein wahres Gesicht kennen. Und wer ihm gegenüber durchblicken lässt, dass er seine Machenschaften erkannt hat, kann damit rechnen, dass der Radfahrer zum Tyrannen wird und ihn quält und schikaniert.

Die Psychologen Hesse und Schrader zu diesem Typ: »Der Trittbrettfahrer ist Knecht und Herr in einer Person. Seine Kindheit dürfte durch dominierende, autoritäre Eltern geprägt worden sein, die eine freie, ungehemmte Persönlichkeitsentfaltung nach Kräften zu verhindern wussten. Vielleicht hat der Radfahrer sich des autoritären Drucks in der Kindheit dadurch entledigt, dass er Haustiere oder Insekten gequält hat. Jetzt jedenfalls quält er die Kollegen, die ihm nicht gefährlich werden können.«

Im Umgang mit dem Trittbrettfahrer ist Abstand angesagt. Halten Sie sich am besten fern von ihm und zeigen Sie ihm rechtzeitig(!) Ihre Grenzen. Im Gegensatz zum Tyrannen kann direkter, offener Widerstand beim Radfahrer erfolgreich sein. Sie können es mit Ihrem Auftreten steuern, wie der Übeltäter Sie sieht und ob er Respekt vor Ihnen hat. Da er jemand ist, der ein starkes Gegenüber sucht und braucht, kann es durchaus sein, dass er Sie als solches akzeptiert, wenn Sie es selbstbewusst genug rüberbringen.

Der Choleriker, der als wandelnder Vulkan für Wechselbäder sorgt

Bei ihm weiß keiner, wie er gerade dran ist. Soeben noch die Liebenswürdigkeit in Person, im nächsten Augenblick schon aggressiv und aufbrausend. Der Choleriker, ein leicht erregbarer, reizbarer und jähzorniger Mensch, macht seiner Umwelt oft schwer zu schaffen. Er hat sich einfach nicht in der Gewalt und sorgt als wandelnder Vulkan (nicht nur) am Arbeitsplatz für permanente Wechselbäder. Nach einem Wutanfall kann er wieder zahm wie ein Lamm sein und bedauert oftmals sogar seinen Ausbruch: »Sie wissen doch, es war nicht so gemeint. Nehmen Sie's nicht so tragisch!« Doch wer hat schon die Lust und die Nerven, sich diesem Terror Tag für Tag auszusetzen und dabei keinen Schaden davonzutragen?

Das Ziel des Cholerikers ist es, sein Gegenüber mit seinen Wechselbädern einzuschüchtern und zu verunsichern. Weil er unberechenbar ist in seinen Gefühlsausbrüchen, schafft er es auch immer wieder, seine Opfer damit zu quälen. Wer gerade noch gelobt wurde und im nächsten Moment als unfähig und unzuverlässig hingestellt wird, hat daran zu knabbern. Er hat keine Orientierung mehr, fühlt sich hin- und hergeworfen und schwankt zwischen Wut und Ohnmacht.

Der Choleriker gehört zu der übelsten Sorte der Mobber. Er ist auch deshalb so eine harte Herausforderung für die Menschen in seiner Umgebung, weil er nicht in der Lage ist, seinen Ärger auch nur eine Sekunde zurückzuhalten oder gar mit sich selbst auszumachen. Wie ein Vulkan bricht es aus ihm heraus. Fast zwanghaft muss er sich von der Sache befreien, die ihn aufregt. Dabei ist es ihm egal, ob er jemanden damit nachhaltig verletzt. Er kann seine Impulse nicht mehr kontrollieren und denkt in diesem Augenblick auch nicht darüber nach. Was seine Opfer besonders trifft: wenn er sich während eines Ausbruchs auch noch einer primitiven, unzivilisierten Ausdrucksweise bedient.

Wie kann man einen Choleriker in den Griff bekommen? Gleich vorweg: Gehen Sie in Deckung, wenn er gerade einen Schub hat. Verlassen Sie notfalls auch das Zimmer und geben Sie ihm damit Zeit und Gelegenheit, sich wieder zu beruhigen. Überhaupt – gehen Sie ihm am besten aus dem Weg. Ist das nicht möglich, zeigen Sie sich auf keinen Fall ängstlich und bleiben Sie vor allem unbeeindruckt – im Guten wie im Bösen! Lassen Sie sich nicht von seiner momentan guten Laune und einigen Komplimenten zu falschen Schlüssen hinreißen, das nächste Gewitter kommt bestimmt. Nehmen Sie ihm den Wind aus den Segeln, indem Sie gleichbleibend freundlich sind. So wird er lernen müssen, Sie zu respektieren, und wird sich Ihnen gegenüber in Zukunft vielleicht sogar ein bisschen zusammenreißen.

Der Frustrierte, der in der Firma seine private Probleme kompensiert

Einer, der mit sich nicht klar kommt oder Eheprobleme wälzt, reagiert sich nur zu gern am Arbeitsplatz ab. Die Kollegen müssen es dann ausbaden und können oftmals gar nicht begreifen, worum es geht und woher gewisse Stimmungsschwankungen kommen. Denn dass der Haussegen im Moment schief hängt oder der Single mal wieder das Alleinsein satt hat, gibt der Frustrierte natürlich im Büro nicht preis. Stattdessen legt er eine für andere unverständliche Laune an den Tag und versucht nicht selten, seine privaten Probleme durch Intrigen und Mobbing in der Firma auszuagieren.

Dabei vermischt er meistens eine Portion Neid mit einer guten Prise Nörgeln. Der Frustrierte kann den Gedanken nicht ertragen, dass andere Menschen sich in ihrer Haut glücklich fühlen, und sorgt deshalb gern dafür, dass sich dies ändert. So recherchiert er auch gern im Privatleben seiner Opfer nach, um von seinem eigenen Dilemma abzulenken. Vor allem Frauen sind in der Gruppe der Frustrierten häufig vertreten. (Siehe auch Kapitel 9: »Das extra gemeine Mobbing: Frauen gegen Frauen«.)

Renate W. hat mit ihren 45 Jahren noch nie länger mit einem Partner zusammengelebt. Auch mehrere Versuche diesbezüglich schlugen fehl. Im Laufe der Zeit wurde sie daher immer eigener und strickte sich mehr und mehr ein festeres und falscheres Bild von den schlechten Männern zurecht, die ja alle ohnehin ihrer unwürdig wären. Heute ist es so, dass jeder Mensch, der etwas anderes meint als sie, sich zumindest ein paar herablassende Bemerkungen anhören muss – wenn er nicht gleich der absoluten Dummheit bezichtigt wird.

Renate W. investiert anfangs oft viel Zuneigung und Interesse in eine Person (meistens eine Kollegin), die sie mag. Erwidert diese aber ihre Liebe nicht entsprechend und leistet es sich womöglich, mit einem Mann ein Verhältnis zu beginnen, kommt sie sofort auf die schwarze Liste – und von nun an wird ihr das Leben schwer gemacht. So wird aus der ehemals guten Freundin für unsere Frustrierte eine Feindin. Da sie aufgrund der oftmals auch sehr privaten Beziehung genug über die Abtrünnige weiß, nutzt sie das bei ihrem Mobbing gegen sie aus. Da werden dann die heißesten Gerüchte in die Welt gesetzt, egal, ob sie nun der Wahrheit entsprechen oder nicht. Die andere wird von Renate W. bei den Kollegen so lange schlechtgemacht – bis sie sich entweder total zurückzieht oder gar kündigt. Denn wenn Frustrierte wehtun wollen, dann tun sie das mit allem Drum und Dran.

Der Frustrierte leidet darunter, dass sich an seiner Situation nichts ändert. Je mehr er sich aber hineinsteigert und alles mies macht, umso schwieriger wird es, aus dem Teufelskreis wieder herauszukommen. Der Zustand wird sich erst ändern, wenn er die Dinge positiv angeht. Doch dazu fühlt er sich infolge vieler gescheiterter Hoffnungen oft nicht mehr in der Lage. Seine Enttäuschung durch den erzwungenen Verzicht auf Partnerschaft oder Erfolg oder die Versagung von sexueller oder beruflicher Befriedigung macht ihn verbittert. Um von diesem zweifelsohne schrecklichen Gefühl nicht erdrückt zu werden, schießt er gegen andere. Denn denen braucht es auch nicht besser zu gehen als ihm, sagt er sich insgeheim.

Mit einem Frustrierten sollte man sehr vorsichtig umgehen. Selbst wenn er einem erst mit Sympathie und Hilfsbereitschaft schmeichelt, so kann dies ganz schnell ins Gegenteil umschlagen. Sie brauchen nur irgendwann nicht seinen Erwartungen zu entsprechen – und schon haben Sie verspielt. Halten Sie ihn auf Distanz zu sich und Ihrem Privatleben! Erzählen Sie ihm nicht zu viel von sich und Ihren Gefühlen, er könnte das Gehörte später gegen Sie verwenden!

Der Nörgler und Neunmalkluge, der immer alles besser weiß

Verlassen Sie sich drauf: Dieser Typ findet das berühmte Haar in der Suppe! Vorher hört er nicht auf zu suchen. Er hat an fast allem etwas auszusetzen. Er ist ein Neinsager und Bremser, einer der jede konstruktive Diskussion im Keim erstickt. Mit seiner pausenlosen Schwarzmalerei proklamiert er den permanenten Notstand und verunsichert so die Leute. Wenn jemand gerade einen Arbeitsprozess in Gang gebracht hat, behindert er ihn sofort wieder mit seinen berühmten zwei Worten: »Ja, aber…« Diese Haltung erzeugt einen andauernden Kleinkrieg am Arbeitsplatz, der vielleicht nicht auf Anhieb auffällt, aber auf Dauer höchst wirkungsvoll ist. Denn er lähmt alle Kollegen um sich herum und kappt jede Initiative schon in ihrer Entstehungsphase. Missmut und Unlust prägen dann die tägliche Stimmung.

Man kann davon ausgehen, dass Nörgler und Neunmalkluge in der Regel auch nicht wissen, wie man etwas besser machen könnte. Sie mischen sich eigentlich nur deshalb ein, weil sie den anderen demonstrieren wollen, dass auch sie nicht Recht haben. Der Hintergrund für dieses Verhalten kann in der Kindheit begraben liegen. Vermutlich wurde solchen Menschen immer das Gefühl vermittelt: Was du machst, taugt sowieso nichts. Lass es lieber sein! Durch diese ständige Kritik und den Eindruck, es niemandem recht zu machen, entwickelt ein Kind Aggressionen, die es dann später – z. B. im Berufsleben – in Form nerviger Machtausübung entlädt. Mit anderen Worten: Der Nörgler und Neunmalkluge gibt das zurück, was er früher schmerzhaft erfahren musste.

Wer immer nörgelt, schwarz sieht und alles besser weiß, übt eine besondere Art der Macht und Kontrolle über seine Kollegen aus. Anders als beim Tyrannen, den man sofort erkennen kann, durchschaut man den Nörgler erst auf den zweiten Blick, aber letztlich doch ziemlich schnell. Er ist mit Sicherheit wesentlich ungefährlicher als der Tyrann, aber auf seine Weise genauso unangenehm. Wenn der Nörgler zum Mobber wird, indem er Sie verunsichert, Sie maßlos nervt, in Ihnen ein schlechtes Gewissen, Schuldgefühle oder Wut auslöst, dann sind Sie gefordert und müssen schnell etwas dagegen tun. Denn der Nörgler hat sein Ziel schon fast erreicht.

Hören Sie ihm aufmerksam zu, wenn er Ihnen auf den Pelz rückt, und signalisieren Sie ihm deutlich, dass Sie verstanden haben, was er meint. Darauf kommt es ihm nämlich an; denn er möchte auf jeden Fall geliebt werden. Geben Sie ihm aber keinesfalls Recht, damit würden Sie sein Fehlverhalten nur bestärken. Lassen Sie sich von ihm auch nicht in die Verteidigungsposition drängen oder zu einer Bewertung hinreißen, sondern grenzen Sie den Sachverhalt lieber klar ein und machen Sie ohne Emotionen einen Lösungsvorschlag. Sie können sicher sein, dass ihm auch der nicht passt, denn in Wirklichkeit ist er ja daran gar nicht interessiert. Er will doch viel lieber weiternörgeln! Daran werden Sie nichts ändern können. Aber Sie können für sich eine Basis der Zusammenarbeit schaffen, wenn Sie jede Emotion bei sich ausschalten, die Nörgeleien niemals auf sich persönlich beziehen und ihm einfach nachgeben. So könnte es vielleicht halbwegs klappen.

Die Mitläufer, die unerlässlich sind für einen Mobber

Mobbing wird in der Regel erst möglich, weil es die große Gruppe der Mitläufer gibt. Viele von ihnen sehen dem Spuk tatenlos zu, indem sie sich raushalten und damit dem Psychoterror auf passive Weise Vorschub leisten. Wenn niemand ihn daran hindert, hat der Täter leichtes Spiel. Andere mischen ein bisschen mit, indem sie die Aktiven, die Drahtzieher unterstützen und das gewählte Opfer mit kleinen Seitenhieben immer weiter ins Abseits drängen. Ihnen allen fehlt die Zivilcourage, sich dem üblen Treiben entgegenzustellen; denn die Angst, selbst als Opfer herhalten zu müssen, plagt sie mehr als ihr Gewissen, das oft nach Gerechtigkeit ruft. Mitläufer sind Mittäter – daran führt keine Entschuldigung vorbei.

Wer sich so verhält, ist vergleichbar mit denen, die 1992 in Rostock applaudierten, als rechtsradikale Jugendliche Brandsätze in ein Asylantenheim warfen und bewusst den Tod unschuldiger Menschen einkalkulierten. Oder – wer kennt sie nicht – die Gaffer an einer Unglücksstelle, die sich die Sensation nicht entgehen lassen wollen und dafür die Rettungsarbeiten behindern. Sie alle sind Mittäter – genauso wie die Kollegen, die es bewusst und oftmals auch noch mit heimlicher Schadenfreude in Kauf nehmen, wenn einer von ihnen mit ihrer – ob passiven oder aktiven Mithilfe – so fertig gemacht wird, dass er morgens mit einem Kloß im Hals schon aufwacht und nur noch mit innerem Zittern den Arbeitstag hinter sich bringen kann oder im Extremfall gar an Selbstmord denkt.

Wenn Sie in so eine Situation geraten und das üble Spiel mitkriegen, dann handeln Sie engagiert! Versuchen Sie, so eine Aktion, die ja oftmals wie eine Art Sport geplant wird, nicht zu unterstützen, ja zu unterbinden. Ziehen Sie die oft noch unschlüssigen Kollegen auf Ihre Seite und geben Sie Ihrem Unmut über solche Vorhaben offen Ausdruck! Sorgen Sie dafür, dass der Mobber mit seiner unsozialen, ekelhaften Idee am Ende allein dasteht! Wenn Sie nur ein bisschen Mut beweisen, können Sie einem anderen viele Leiden ersparen und auch einen kleinen Beitrag zum Betriebsklima leisten.

Das Verblüffende an solchen Aktionen ist immer wieder, wie kindlich, aber bitterböse sich erwachsene Menschen, die eine Schule besucht haben und in zivilisierten Ländern aufgewachsen sind, doch verhalten können. Über Stammesfehden im afrikanischen Busch wird milde gelächelt, doch was in unseren Betrieben abläuft, ist manchmal schlimmer. Man stelle sich mal vor, dass eine Frau um die 40 allen Ernstes zu ihren Kolleginnen sagt: »Die S., die machen wir jetzt fertig, und da müsst ihr auch mitmischen, ihr seid doch meine Freundinnen! Und wenn wir die erledigt haben, packen wir gleich die A., die ist auch so doof. Oder sollen wir gleich parallel fahren?« Die Kolleginnen zogen sich erschrocken zurück, wollten keine Mitläufer sein. Respekt! Allein wird sie sich mit ihrem Mobbing schon schwerer tun.

7 Wer eignet sich am besten als Opfer?

Gibt es das typische Mobbing-Opfer?

Dr. Martin Resch, einer der ersten deutschen Mobbing-Wissenschaftler und Geschäftsführer des IAP-Instituts für Arbeitspsychologie und Arbeitspädagogik e.V. in Seevetal: »Das typische Mobbing-Opfer gibt es nicht. Es kann tatsächlich jeden treffen, ganz normale Menschen, Frauen wie Männer. Mobbing hat selten einen sachlich nachvollziehbaren Grund in der Person. Allerdings sind Menschen gefährdeter, wenn sie sich auf irgendeine Weise von anderen Kollegen unterscheiden.« Gemeint sind damit Personen in sozial schwachen, exponierten oder angreifbaren Positionen – diese werden eher terrorisiert. Am häufigsten kommt es zwischen Kollegen auf gleichem Niveau zu Mobbing. Im industriellen Bereich geschieht es direkter, im akademischen verdeckter. Und seltsamerweise zeigen sich einige Berufsgruppen anfälliger für Mobbing als andere: Psychologen, Lehrer, Mediziner, Mitarbeiter des sozialmedizinischen Bereichs, Journalisten und – mehr als alle anderen – Angestellte der öffentlichen Dienste.

Auch die Untersuchungen des Mobbing-Papstes Heinz Leymann in Schweden belegen, dass jeder zum Opfer werden kann und dass es sich dabei nicht um jemanden handeln muss, der von vornherein schwach oder gruppenunfähig ist. Dazu wird das Opfer erst im Verlauf des Mobbing-Prozesses gemacht. Es wurden auch – ebenso wenig wie bei den Tätern – keine bestimmten Charakterdefizite oder Persönlichkeitsmerkmale festgestellt, die sie zu Mobbern oder Gemobbten machen. Leymann und seine Mitarbeiter fanden außerdem heraus, dass in Schweden jeder vierte Arbeitnehmer mindestens einmal im

Leben zum Mobbing-Opfer wird. Dabei ist es egal, auf welcher Hierarchiestufe der Betroffene angesiedelt ist. Etwa 10–20% der Selbstmorde sollen in Schweden zulasten von Mobbing gehen. Man vermutet, dass es in Deutschland nicht viel anders aussieht.

Zur Psychologie des Opfers

Viele Opfer lösen zunächst Mitgefühl aus und erst im Laufe der Zeit entwickelt sich im verständnisvollen Helfer oftmals eine gehörige Portion Wut. Vor allem dann, wenn man dem Gemobbten tausend gute Ratschläge gibt, sich wirklich um ihn bemüht, doch er letztendlich aktiv nichts unternimmt, um seine Situation zu verändern. Ganz anders als der aktive Mobber, der uns durch sein Verhalten in Angst und Schrecken versetzen kann, gelingt es dem Opfer-Typ, eine Atmosphäre von Hilflosigkeit und Resignation zu schaffen. Er kann uns durch sein Null-Verhalten so lähmen, dass man Aggressionen gegen ihn bekommt. Damit fertig zu werden, ist genauso schwierig wie mit den An- und Ausfällen der Täter.

Wer gemobbt wird, ist meistens von der Bösartigkeit der Täter überzeugt und beteuert immer wieder, dass er dagegen absolut wehr- und machtlos ist. Ein Opfer lamentiert auch gerne darüber, wie schlecht die Welt im Allgemeinen ist und wie besonders böse doch gewisse Kollegen sind. Er beschäftigt mit diesem Thema seine Familie, den Freundeskreis – so lange, bis keiner mehr es hören kann und sich alle immer mehr zurückziehen. Gleichzeitig ignoriert das Opfer aber auch Möglichkeiten, diesen Konflikt zu bewältigen, weil es bereits resigniert hat. Es hat nicht mehr genug Kraft, um das alles zu überstehen, und wird meist psychisch krank.

Als Opfer oder Gemobbter kann bezeichnet werden,

- wer in einer Mobbing-Situation in psychischen Stress gerät, psychosomatische Erkrankungen bekommt, depressiv wird oder deshalb gar an Selbstmord denkt,

- wer einerseits von seiner Schuldlosigkeit überzeugt ist und andererseits aber glaubt, dass er alles falsch macht,
- wer sich sehr unsicher zeigt, unentschlossen und hilflos wirkt,
- wer seine eigene Rolle passiv sieht (Beispiel: »Mich fragt ja keiner, ob ich mitkommen will«, oder »Ich werde sowieso nie befördert«),
- wer sich für die Situation nicht verantwortlich fühlen will und sich stattdessen mit Selbstvorwürfen quält.

Es gibt auch Menschen, die noch nicht zur Zielscheibe aktiver Mobber wurden, aber geradezu prädestiniert für eine Opferrolle sind. Dazu gehört der Gehemmte ebenso wie der große Schweiger, das Sensibelchen oder der ewig Leidende. Auch wenn sie auf ihre Umwelt eher harmlos wirken, so sollte man sie doch nicht unterschätzen. Sie sind trotz ihrer scheinbaren Passivität in der Lage, so viel Unmut zu erzeugen, dass sie damit schon wieder eine gewisse Macht ausüben. Es kann durchaus sein, dass diese potenziellen Opfer zum Täter werden, also eine Art Doppelrolle spielen können.

Dass aber auch Menschen mit starkem Selbstbewusstsein und sogar Sympathieträger als Opfer infrage kommen und warum das so ist, wird in den nächsten Abschnitten wieder in Form einer kleinen, unterhaltsamen Typologie beschrieben.

Die Betriebsnudel, die auf andere zugeht

Sie/er erleichtert dem Neuen den Anfang und sorgt immer wieder für gute Stimmung in der Firma: die Kollegin oder der Kollege vom Typ »Betriebsnudel«. Meistens handelt es sich dabei um eine Frau, deshalb wollen wir uns fortan in diesem Text auf die weibliche Form beschränken. Jeder mag sie, manche tolerieren sie nur und lassen sie nicht zu nah an sich ran, weil sie ihr nicht trauen. Wer immer so gut gelaunt, fröhlich und freundlich ist sowie Lust auf Feten verspürt, der kommt so manch anderem eben ein bisschen suspekt vor.

Die Betriebsnudel geht zumeist arglos auf jemanden zu. Ihr kommt es hauptsächlich auf die gute Stimmung an, nicht auf Tiefsinniges und Hintergründiges oder gar irgendwelche Storys über diesen oder jenen Kollegen. Sie ist auf den ersten Blick eine unkomplizierte Zeitgenossin und macht den Eindruck, als würde sie auch was einstecken können. Dass hinter diesem sonnigen Gemüt oft ein sehr sensibler Charakter steckt, der nicht jede dumme Bemerkung komisch findet, wird dabei leider gern übersehen. Deshalb neigen viele dazu, der lustigen Betriebsnudel auch dann noch eins draufzugeben, wenn andere längst zurückgemotzt hätten. Ganz nach dem Motto: Die kann sowieso nichts kratzen, der geb ich's jetzt! Doch auch wenn sie gute Miene zu bösen Sprüchen macht, so ist die Betriebsnudel sehr verletzbar und empfindsam. Es ist ein Problem für sie, dass dies von anderen oft unterschätzt wird.

So liegt es nahe, dass dieser Typ auch gerne als Mobbing-Opfer ausgewählt wird. Vielleicht deshalb, weil ein Miesmacher oder mit sich selbst unzufriedener Kollege einfach neidisch darauf ist, dass sich einer das Dasein nicht verdrießen lässt. Da kommt in ihm der blanke Neid auf die gute Laune der Betriebsnudel auf. Oder vielleicht reizt sie den Mobber auch einfach nur, weil sie bei den meisten Leuten so beliebt ist und er unter Umständen Kontaktschwierigkeiten hat. Es könnte auch etwas mit Eifersüchtelei zu tun haben, wenn es zum Mobbing kommt.

Wenn Sie zu der Spezies Betriebsnudel gehören, dann seien Sie nicht zu leichtgläubig, sondern setzen Sie auch hin und wieder Ihr gesundes Misstrauen ein. Zeigen Sie anderen Ihre Grenzen! Einer, der heute mit Ihnen scherzt und Sie auf den Arm nimmt, kann Sie vielleicht morgen schon mobben.

Der echte Kollege, der aufgeschlossen, ehrlich und hilfsbereit ist

Auf ihn kann man sich absolut verlassen. So einen wie ihn gibt es nicht oft – er ist ein echter Kollege, der sich ehrlich und ohne Hintergedanken mit den anderen beschäftigt und sich – wenn nötig und möglich – auch für sie einsetzt. Er kennt keinen Neid und ist oft auch ein Gerechtigkeitsfanatiker, der im Streitfall nicht schweigt, sondern für den anderen Stellung bezieht. Er ist nicht voreingenommen, sondern gibt jedem eine Chance und hilft, wo er kann. Ihm kann man sich anvertrauen und dabei sicher sein, dass es nicht weitererzählt wird. Als absolute Integrationsfigur ist er für jeden Chef und jeden Betrieb eine äußerst wichtige Erscheinung. Im Grunde ist er ein Bilderbuchkollege, wie er in der Realität leider zu selten vorkommt, aber wie man ihn sich wünschen würde.

Der echte Kollege unterliegt permanent der Gefahr, von anderen ausgenutzt zu werden. Doch das ist ihm bewusst und wenn es ihm zu viel wird, sagt er das ehrlich. Er hilft auch niemandem, weil er einen gewissen Dank zurückerwartet, sondern weil es für ihn eine Selbstverständlichkeit ist und seinem Sozialempfinden entspricht. Insgesamt ist er ein höchst angenehmer Zeitgenosse, der leider viel zu oft und gerne überstrapaziert wird.

Als Mobbing-Opfer kommt dieser edle Mensch deshalb infrage, weil er durch seine Aufgeschlossenheit und Ehrlichkeit viele Angriffsflächen bietet. Einer wie er hat viele Neider, kommt aber aufgrund ihrer Unberechenbarkeit auch schlecht mit Cholerikern klar. So viele Freunde er hat, so viele Feinde hat er auch. Und Letzteren ist er ohnehin ein Dorn im Auge, weil der echte Kollege meistens den Durchblick hat und Missstände offen ausspricht. Wer diese aber lieber vertuschen will, dem steht so ein Charaktertyp natürlich im Weg und der wird alles tun, um ihm das Leben schwer zu machen.

Wenn Sie sich für einen echten Kollegen halten, werden Sie es sicher rechtzeitig merken, wenn gegen Sie das Feuer geschürt wird. Auch wenn Sie dabei größere Schwierigkeiten haben mögen als in einem Fall, in dem Sie für andere etwas tun: Treten Sie genauso engagiert für sich selbst auf und nehmen Sie dem Angreifer den Wind aus den Segeln, indem Sie ihn direkt auf die Vorkommnisse ansprechen und ihm klar sagen, was Sie dabei empfinden und dagegen unternehmen werden. Mobber operieren ja mit Vorliebe erst einmal heimlich, doch wenn sie in der Startphase schon erwischt werden und man sie nicht erst einmal gewähren lässt, könnten Sie vielleicht dem Spuk ein Ende bereiten, bevor er sich richtig entfalten kann.

Der Ehrgeizige, der vorwärtskommen will

Er ist kein Karrieretyp, aber er ist ehrgeizig. Mit viel Fleiß und Strebsamkeit versucht er, die Erfolgsleiter nach oben zu klettern. Er macht unbezahlte Überstunden, nimmt sich am Wochenende noch Arbeit mit nach Hause und hofft, dass die Vorgesetzten seinen Einsatz eines Tages mit einer Beförderung oder einer Gehaltserhöhung belohnen. Es gibt Ehrgeizige, die still und leise vor sich hinmalochen, ohne großes Aufheben um ihre Person zu machen. Das mag ein Fehler sein, denn Klappern gehört eben zum Handwerk. Andere dieser Gattung machen gezielt auf sich und ihre Arbeit aufmerksam und erreichen damit meistens etwas schneller ihr Ziel. Die Grenze zum Karrieretyp kann dann leicht verschwimmen. Und wenn der Ehrgeiz so groß ist, dass man glaubt, lästige Mitbewerber abschütteln zu müssen, besteht sogar die Möglichkeit, eher zum Täter zu werden als zum Opfer.

Egal, auf welche Weise der Ehrgeizige sein Vorwärtskommen vorantreibt, er versucht es in erster Linie über Leistung. Im Gegensatz zum Karrieretyp, der vor allem seine guten Kontakte einsetzt und auch mit Ellenbogen gegen Kollegen antritt, ist der normal Ehrgeizige oftmals zurückhaltend bis bescheiden.

Wenn er gemobbt wird, dann meistens von einem Karrieretyp. Dieser sieht es nämlich gar nicht gern, wenn außer ihm noch jemand nach vorne strebt und vielleicht auch noch die bessere Leistung bringt. Auch der Paniker könnte sich den Ehrgeizigen als Opfer aussuchen, denn er hat ja ohnehin dauernd Angst, dass ihm jemand zuvorkommen könnte oder gar die Arbeit wegnimmt. Infrage kommt auch der Frustrierte, der es nicht ertragen kann, dass sein Kollege Erfüllung und Spaß daran findet, weiterzukommen. Da wird dann gestichelt wie damals in der Schule: »Wollen Sie jetzt ehrgeizeln? Verderben Sie uns bloß nicht den Spaß hier, Sie Streber!«

Wenn Sie zu den Ehrgeizigen gehören, müssen Sie wissen, dass Sie einen ziemlich einsamen und oftmals unpopulären Weg gewählt haben. Bleiben Sie trotzdem freundlich und fair, auch wenn Sie spüren, dass es den Kollegen nicht passt, wenn Sie sich besonders engagieren. Häufig läuft gezieltes Mobbing so unterschwellig ab, dass das Opfer es erst sehr spät bemerkt. Versuchen Sie, einen Verbündeten zu finden (es kann auch der Chef sein), damit Sie nicht zu sehr isoliert werden und das böse Spiel der Mobber Sie nicht aus der Bahn wirft.

Der Selbstbewusste, der sich sicher fühlt

Auch in stressigen Situationen lässt er sich nicht aus der Ruhe bringen und wenn der Chef ihn rügt, plagen ihn nicht tagelang Zweifel: Dem Selbstbewussten kann eben keiner so schnell was anhaben. Er weiß, was er kann, und fühlt sich deshalb auch zu Recht sicher. Einschränkend sei erwähnt, dass es leider auch sehr viele Kollegen gibt, die ein falsches, meist übersteigertes Selbstbewusstsein pflegen. Sie überzeugen weder mit ihrer Persönlichkeit noch mit ihrem Können, reden überall mit, aber wissen wenig und gehen damit ihrer Umwelt auf den Geist.

Hier reden wir aber vom echten Selbstbewussten, der in der Lage ist, sich richtig einzuschätzen, aber durchaus auch Kritik hinnimmt. Er trägt seine Sicherheit in der Regel nicht zur Schau, sondern betrachtet sie als festen Bestandteil seines Empfindens. Das Selbstbewusstsein wirkt dadurch nicht aufgesetzt und unecht, sondern natürlich und unverkrampft. Er wirkt in sich autark, was einen echten Mobber, der meistens mit seinem eigenen Selbstbewusstsein zu kämpfen hat, empfindlich stören könnte.

Vor allem für den Intriganten, den Angsthasen und den Nörgler ist der Selbstbewusste quasi eine Feindfigur. Allein das Gefühl, dass jemand scheinbar ziemlich frei von Ängsten und Druck ist, kann sie irritieren. Diese innere Einstellung erzeugt Neid und da kann es passieren, dass sich böse Kollegen fragen: Wieso sollen nur die anderen um ihren Arbeitsplatz bibbern und um Anerkennung buhlen müssen? Der Selbstbewusste macht sich da wohl gar keine Gedanken? Damit er nicht zu übermütig wird, »kümmern« wir uns mal etwas intensiver um ihn. Das Mobbing kann also beginnen.

Sollten Sie sich der Gruppe der Selbstbewussten zuordnen, dann ist es sicher nicht falsch, hin und wieder offen zu zeigen, dass auch Sie nicht unfehlbar sind und ins Schwanken kommen können. Auf diese Weise vermitteln Sie den anderen das Gefühl, dass Sie nicht völlig angstfrei sind. Unter Umständen »beruhigt« das die Kollegen, die Sie im Mobbing-Visier haben, und Sie können erst einmal wieder in Frieden leben.

Der Kumpeltyp, der auch mal Schwächen zeigt

Wenn man sich den wahren Kumpel vorstellt, dann fällt einem zwangsläufig auch wieder die »Betriebsnudel« ein (siehe dritter Abschnitt dieses Kapitels). Was die beiden voneinander unterscheidet: Während sie die Lustige, Gesellige und oft Unverbindliche ist, muss der Kumpeltyp nicht unbedingt unterhaltsam sein. Mit ihm kann man bei einem Glas Bier oder Wein Probleme erörtern, die man in der Firma hat, fast immer hat er ein offenes Ohr für seine Kollegen. Der Kumpel zeichnet sich auch besonders durch seine Zuverlässigkeit und Ehrlichkeit aus. Wenn er etwas verspricht, hält er es unter allen Umständen ein.

Er hat auch keine Schwierigkeiten damit, mal seine Schwächen zu zeigen, was ihn sehr menschlich und vertrauenswürdig erscheinen lässt, aber auch angreifbar für Mobber macht. Diese nutzen erst die Zugänglichkeit des Kumpels aus, um dann gegen ihn anzutreten. Seine unkomplizierte und verbindliche Art, mit der er sich meistens große Beliebtheit im Betrieb verschafft, ist ihnen ein Dorn im Auge. Und da es nicht schwierig ist, aus diesem netten Menschen auch etwas über sein Privatleben herauszubekommen, wird dieses Wissen beim Mobbing auch gerne genutzt.

Der Kumpeltyp sollte sich vorsehen, dass er nicht zu viel von sich preisgibt. Vor allem nicht solchen Kollegen gegenüber, die er noch nicht gut genug kennt. Vorsicht ist auch bei jenen geboten, die einem schon immer etwas merkwürdig und nicht einzuordnen erschienen, die aber mit einem Mal zutraulich werden und engeren Kontakt knüpfen wollen.

Der Obrigkeitshörige, der sich dem Chef besonders verbunden fühlt

Er ist für sehr viele Kollegen eine Person, die heimlich belächelt wird, der man aber auch gleichzeitig mit Misstrauen begegnet. Jemand, der seinem Chef zu sehr ergeben ist und jedes Mal einen Schreck bekommt, wenn er zitiert wird, der macht sich nicht nur selbst das Leben schwer, sondern eckt auch bei den anderen an. Der Obrigkeitshörige ist ein treuer

Diener seines Vorgesetzten, weil er voller Ängste steckt und niemals den Zorn seines Herrn und Meisters erregen möchte. Um im Notfall seine eigene Haut zu retten und beim Chef nicht in Ungnade zu fallen, hängt er lieber andere Kollegen hin als zu seinem Fehler zu stehen oder zu widersprechen. Man kann davon ausgehen, dass jemand, der so unterwürfig ist, auch feige ist und von schwachem Charakter.

Dass der Obrigkeitshörige viele Feinde hat und aufgrund mangelnden Selbstbewusstseins die ideale Zielscheibe für Mobber darstellt, versteht sich von selbst. Die Täter lauern an allen Ecken, um es ihm zu geben. Denn keiner will abwarten, bis er selbst Opfer des berüchtigten Kollegen wird, der im Notfall getreu petzt, sondern mobbt lieber zuerst ihn. Jemand, der so viel buckelt, spielt fast immer eine undurchsichtige Doppelrolle und kommt daher als Täter genauso infrage wie als Mobbing-Geschädigter. Sympathien genießt er ohnehin nicht viele, sodass der Kreis derer, die den Obrigkeitshörigen ausbooten wollen, sehr groß ist.

Welche Schuld trifft die Opfer? Welche Fehler machen sie?

Opfer sind meist labile Charaktere oder werden zumindest dazu gemacht. Ein Mensch, der labil ist und zusätzlich noch gemobbt wird, befindet sich in einer außerordentlichen Stresssituation. Dadurch wird es ihm erschwert, sich bei Angriffen wirkungsvoll zu wehren. Seine Kraftreserven sind nämlich meistens schon erschöpft und bevor er sich regenerieren kann, schlägt der Angreifer aufs Neue zu.

Man kann davon ausgehen, dass das Opfer unter normalen Bedingungen gar nicht zum Opfer geworden wäre. Es nimmt erst im Laufe eines Mobbing-Prozesses die Opferrolle an. Wer mehr Energie übrig hat, wird in diesem Spiel zweier Parteien zum Täter werden.

Das Opfer ist am Mobbing-Konflikt genauso beteiligt wie der Täter. Hätte es mehr Kraftreserven zur Verfügung, wäre es – wie schon erwähnt – wahrscheinlich Täter geworden. Letzterer kann aufgrund seiner größeren psychischen Stabilität die gegen ihn gerichteten Aggressionen weitergeben, während das Opfer den passiven Part übernimmt. Seine Schuld mag vor allem darin liegen, dass es sich dafür benutzen lässt, mitspielt und auch noch perfekt den Wehrlosen, Armen mimt. Es macht den Fehler, ganz so zu reagieren, wie der Täter es letztlich erwartet, um sein Drama fortführen zu können.

Das Problem beim Mobbing besteht darin, dass ein Einzelner ins Schussfeld gerät. Alle fühlen sich wohl, nur der eine leidet. Solange ein »Böser« mehrere Leute oder eine ganze Abteilung traktiert, ist man nicht allein und nimmt es in der Regel nicht so schwer. Ist man aber der eine, gegen den sich die Attacken richten, wird man die Schuld bei sich suchen. Wer nicht genug Energie und Reserven hat, wird darüber krank.

8 Typisch Mobbing: Fallbeispiele

Dagmar A. (48), Chefsekretärin: Von der jüngeren Kollegin rausgeekelt

Dagmar A. (48) arbeitet schon seit mehr als 20 Jahren in einer großen Textilfabrik als Sekretärin des Geschäftsführers. Noch nie gab es größere Probleme zwischen den beiden – bis zu dem Tag, an dem Brigitte D. (25) als Zweit-Sekretärin anfing.

»Ich habe noch mit meinem Chef zusammen überlegt, ob sie die richtige Frau ist für uns«, sagt Dagmar A., »aber wir kannten sie beide aus der Buchhaltung und hatten eigentlich immer einen guten Eindruck von ihr. Also entschieden wir uns für sie. Wenn ich gewusst hätte, was damit auf mich zukommt, hätte ich das bestimmt nicht befürwortet. Es stand auch eine andere Kollegin zur Wahl, die als Zweit-Sekretärin infrage kam. Im Grunde ging es doch nur darum, dass ich Entlastung brauchte.«

Brigitte D. kleidet sich immer nach der neuesten Mode, sieht sehr gut aus und gewann bald das Männerherz ihres neuen Chefs. Verstohlen schaute er ihr nach, vor allem dann, wenn sie ihre Ultra-Minis trug. Dagmar A. spürte genau, was da vor sich ging: »Ich wunderte mich schon sehr; denn so kannte ich ihn gar nicht. Er war immer das Musterexemplar eines braven Ehemanns und von dem Moment an, als Brigitte D. im Büro auftauchte, schien er den Verstand verloren zu haben. Mir gegenüber verhielt sie sich anfangs sehr reserviert, doch wenn ich ihr etwas erklärte, antwortete sie schnippisch: ›Kein Problem, ich krieg das schon hin.‹ Ich machte mir erst einmal keine weiteren Gedanken, sondern war nur etwas erstaunt über ihren pampigen Tonfall. Sie tat so, als wüsste sie schon alles, dabei hatte sie vom Arbeitsablauf keine Ahnung.«

Die Stimmung zwischen den beiden Frauen besserte sich nicht. Wenn Dagmar den Kaffee kochte, kam Brigitte und schüttete ihn aus. Einmal sagte sie: »Sie sind wohl nicht mehr ganz auf dem Laufenden, der Chef will Espresso. Ich mache ihm einen.« Die kleinen Sticheleien wurden mehr. Auch die Art, wie Dagmar jahrelang den Terminkalender vom Boss führte, mochte Brigitte nicht. Sie änderte das bewährte System hinter Dagmars Rücken und als diese sie darauf ansprach, bekam sie zu hören: »Was Sie hier machen, ist doch von gestern. Deswegen hat der Chef auch mich geholt, damit hier mal junger, frischer Wind reinkommt.« Das saß. Und wenn Brigitte privat telefonierte, tuschelte sie und titulierte Dagmar nur als »die Nervensäge«. In einem klärenden Gespräch, das die ältere Kollegin mit der jüngeren führte, tat Brigitte Dagmars Bedenken als »Einbildung« ab und stellte sie als »hysterische Ziege« hin. Andererseits verließen die Freundinnen von Brigitte das Zimmer, wenn Dagmar hereinkam.

Inzwischen wandte sich auch der Chef mit immer mehr Arbeiten an Brigitte, was Dagmar zu einem Gespräch mit ihm veranlasste. Außer einem »aber bitte, vertragt euch doch« hatte er dazu nicht viel zu sagen. Auf die Feststellung, dass die jüngere Kollegin doch als Zweit-Sekretärin angeheuert wurde und nun aber doch mit ihren Arbeiten vertraut gemacht würde, antwortete der Boss Dagmar: »Ich hätte nie gedacht, dass Sie so empfindlich sind. Haben Sie private Probleme? Und überhaupt waren Sie es doch, die Entlastung wollte und auch für Brigitte plädierte. Irgendetwas stimmt mit Ihnen nicht in der letzten Zeit. Ich habe den Eindruck, als hätten Sie Schwierigkeiten mit der unbeschwerten jugendlichen Art von Brigitte. Gut, Sie sind ja auch schon 48 ...«

Nachdem die Gespräche nichts brachten, fiel Dagmar in ein tiefes Loch. Ihr war nun klar, was gespielt wurde. Sie zählte für ihren Chef zum alten Eisen und wenn sie sich in einer anderen Firma bewerben würde, dann würde das wohl ähnlich sein. Wo sollte sie also hin?

»Ich hatte nur die Möglichkeit, das durchzustehen oder zu kündigen. Letzteres konnte ich mir nicht leisten, weil ich alleinerziehende Mutter war und auch auf mein Gehalt angewiesen. Etwa nach drei Monaten ging es los, dass ich morgens mit Magenschmerzen aufwachte. Wenn ich zum Firmentor reinging, schnürte es mir die Kehle zu. Andere Kollegen sprachen mich auf mein schlechtes Aussehen an, aber helfen konnten sie mir auch nicht. Ich fehlte immer öfter im Büro, litt unter Brechreiz und Durchfall, was ich früher überhaupt nicht kannte. Mein Arzt allerdings checkte sofort, was mit mir los war, und schrieb mich wegen Mobbings krank.

Brigitte D. schaffte es schließlich, mich mit einigen ihrer Freundinnen so zu zermürben und zu mobben, dass ich meinen Chef um Versetzung in eine andere Abteilung bat. Er fiel aus allen Wolken und versuchte, mich zu beruhigen. Letztlich aber gefiel ihm der Mini von Brigitte D. wohl so gut, dass er in meinen Wunsch einwilligte und damit 20 Jahre Zusammenarbeit einfach so abhakte. Sein passives Verhalten hat mich maßlos enttäuscht.«

Heute sitzt Dagmar in einem anderen Gebäude der Firma, ihren Chef und Brigitte D. sieht sie kaum noch. Sie hatte Glück, dass sie intern und auf ihren Wunsch hin versetzt werden konnte, auch wenn es ihr letztlich schwer fiel, der jüngeren Kollegin, die sich als Siegerin fühlte, das Feld zu überlassen. Von der Position her hat sich Dagmar etwas verschlechtert, doch es geht ihr wieder gut.

Dieses Beispiel macht deutlich, dass es keiner großen Angriffe bedarf, um ein Opfer zu zermürben. Meistens sind es ohnehin die kleinen und ständigen Gehässigkeiten, die krank machen. Es müssen auch nicht immer ganze Abteilungen oder Klüngel sein, die sich gegen ihr Opfer zusammentun, sondern es genügt eine einzige Kollegin. Sie allein kann es schaffen, der anderen das Leben am Arbeitsplatz zu vermiesen. Anfangs wird oft, nur »zur Probe« ein bisschen gestochert und wenn dies zum Erfolg führt, indem sich das Opfer nicht wehrt, kann es für die Mobberin weitergehen. Es muss auch kein größerer Streit vorausgehen, meistens beginnt Mobbing ohne Vorwarnung.

Christiane B. (34), Programmiererin: Verschwörung der ganzen Abteilung aufgrund ihrer politischen Haltung

Christiane B. ist eine Neue, als sie in die EDV-Abteilung eines großen Autokonzerns kommt. Sie ist ein eher alternativer Typ, mit einem Pakistani verheiratet, trägt am liebsten Jeans und Pferdeschwanz, schminkt sich nie und engagiert sich in ihrer Freizeit aktiv für Ausländer, Asylanten und misshandelte Frauen. Daraus macht sie auch kein Geheimnis, wenn sie nach ihren Interessen gefragt wird.

Als sie die Kollegin kennen lernt, mit der sie ein Zimmer teilen soll, durchfährt es Christiane wie ein Blitz. »Wir spürten beide sofort, dass wir uns nicht mochten«, sagt sie. »Sie war auch ganz anders geartet als ich, legte großen Wert auf Sex-Appeal und kleidete sich entsprechend, pflegte mit allen Männern der Abteilung ein sehr inniges Verhältnis und ging abends nach Dienstschluss noch als einzige Frau mit ihnen in die Kneipe. Ich dagegen gab gleich zu verstehen, dass ich mit derlei Geselligkeiten nichts am Hut habe und das wurde mir natürlich insgeheim schon angekreidet.«

Bei einer Konferenz wurde Christiane B. aufgefordert, zu ihrem Arbeitsgebiet etwas zu sagen. Sie machte das sehr gut und erntete dafür großes Lob. Die Kollegin dagegen kam nicht zu Wort, war deshalb stocksauer und ließ dies von nun an spüren. Christiane: »Ich konnte nichts mehr recht machen, sie stichelte an allem rum. Sie hielt mir vor, ich wäre falsch, eigenbrötlerisch und dass mich sowieso niemand leiden könne in der Firma. Das hätte ich noch wegstecken können, weil ich ja wusste, aus welchem Munde es kam. Aber als sie mich dann richtig aggressiv wegen meiner politischen Einstellung anstänkerte und dabei sehr persönlich wurde, war mir klar, dass sie ein größeres Ding anzetteln wollte. Die Männer in unserer Abteilung hatte sie ohnehin auf ihrer Seite, weil sie natürlich viel zugänglicher und geschmeidiger war für sie als ich.«

Der Krieg war eröffnet. Christiane bekam täglich jede Menge Gemeinheiten zu hören und wurde systematisch von der ganzen Abteilung immer mehr geschnitten. Sie blickt zurück: »Plötzlich sagte man in meiner Anwesenheit solche Dinge wie: Das sind ja sowieso nur Flittchen, die mit einem Kanaken verheiratet sind. Diese Typen sollte man alle ausweisen und diese grünen Spinner können gleich mit denen ziehen. Es war ganz klar, dass man mich damit verletzen wollte und das haben sie auch geschafft, weil mir die Probleme wirklich am Herzen liegen. Ich wurde offen lächerlich gemacht, weil mein Mann Ausländer war, und meine Kollegin fügte noch hinzu: Ein Deutscher würde Sie ja nicht mal mit der Zange anfassen, Sie kriegen ja nur so einen Knoblauchfresser, weil Sie selbst so stinken. Die Angriffe gingen also immer mehr unter die Gürtellinie.«

Die Meute hatte ihr Opfer gefunden und stürzte sich nun gnadenlos darauf. Von zwölf Männern gebot nicht einer dem bösen Spuk, den die Kollegin angezettelt hatte, Einhalt. »Einer sagte mir mal auf dem Flur, dass er wisse, dass das alles nicht korrekt sei, aber dass die anderen halt was gegen Grüne hätten und gegen Ausländer sowieso, und er allein könne auch nichts dagegen machen«, erzählt Christiane. »Ich war fest entschlossen, mir das nicht bieten zu lassen und zu kämpfen, aber ich ertappte mich auch dabei, dass ich unsicherer wurde. Wenn ich ins Zimmer kam, riss die Frau Kollegin sofort die Fenster auf, weil sie es angeblich nicht ertragen konnte, wie ich stinke. Sie sagte mir ins Gesicht, dass ich für sie ›asoziales Gesindel‹ sei. Ich habe es am Schluss fast geglaubt, dass ich irgendwie rieche, und im Bekanntenkreis herumgefragt: Bitte, komm mal näher, stinke ich? Die haben gedacht, ich würde nicht mehr ticken. Im Übrigen war ich immer ein sehr reinlicher Mensch und habe nie gerochen. Aber wenn einem das jeden Tag eingeredet wird …«

Die Situation eskalierte so weit, dass Christiane und ihre Kollegin nichts mehr arbeiteten, sondern von morgens bis abends wie die Kampfhähne aufeinander losgingen. Die eine hatte die Unterstützung der Abteilung und gab den neuesten Stand des Krieges immer sofort an die anderen weiter und Christiane hatte den festen Willen, es allen zu zeigen. So schnell würden die sie nicht kleinkriegen! »Wir haben nur noch gestritten«, sagt sie, »die andere unterstellte mir, ich würde wichtige Unterlagen verschlampt haben, die sie dann aber selbst verlegt hatte. Der Chef hielt sich raus, wollte damit nichts zu tun haben, stand aber im Zweifelsfall immer auf der Seite der Mehrheit. Meine Kollegin hatte also auch von oben Unterstützung und eines Tages passierte es dann, dass sie mir eine knallte. Ohne Übertreibung: Sie gab mir eine Ohrfeige. Ich reagierte ziemlich schnell und schlug zurück. Ich drohte ihr dann noch: ›Wenn Sie noch mal herhauen, bringe ich Sie um!‹ Ich konnte einfach nicht mehr, ich war fertig.

Nach diesem Vorfall wurde ich versetzt. Die Sache war lange Zeit danach noch Firmengespräch. Einige Kollegen, die damals mitgemobbt hatten, kamen später auf mich zu und entschuldigten sich. Sie hätten angeblich nicht genau gecheckt, was da wirklich ablief. Ich bin ihnen nicht mehr böse, aber ich habe zum Glück auch nichts mehr mit ihnen zu tun. Sobald ich eine neue Stelle gefunden habe, werde ich kündigen. Durch diesen Vorfall habe ich keine Chancen mehr, dort etwas zu werden. Wenn man einmal in so etwas verwickelt war, ist man durch. Ob man was dafür konnte oder nicht, fragt jetzt keiner mehr. Und nun kennen alle meine politische Auffassung, das ist leider auch hinderlich, was natürlich nie einer zugeben würde. Vor allem, wenn die entscheidenden Herren eine andere Meinung haben.«

Es sind jetzt drei Jahre, seit sich dieser Vorfall ereignet hat. Christiane B. besucht noch immer eine Selbsthilfegruppe von Mobbing-Opfern, weil sie sich nach wie vor schwer tut, all das zu verstehen, was passiert ist. Warum es sogar zu Handgreiflichkeiten kam und sie sich selbst zu der Drohung: Ich bringe Sie um! hinreißen ließ, wird in diesem selbsttherapeutischen Kreis ebenso erörtert wie das eigene Psychogramm und das der Gegenspieler.

Christiane: »Ich möchte Mobbing nie wieder erleben, deshalb versuche ich auch, an mir zu arbeiten; denn heute überlege ich, ob ich mit meiner Ungeselligkeit vielleicht nicht doch einen Fehler gemacht habe. Dadurch habe ich der Kollegin schon den ersten Trumpf fürs Mobbing in die Hand gespielt.«

Es fällt immer wieder auf, dass sich die Opfer lange danach noch Gedanken machen, welche Schuld sie trifft oder treffen könnte. Die Täter dagegen haben sich schon längst einem neuen Akt zugewandt und denken überhaupt nicht daran, sich in irgendeiner Form schuldig zu fühlen.

Marianne M. (45), med.-techn. Assistentin: Im öffentlichen Dienst unkündbar dem Terror ausgesetzt

»Ich habe den Spaß an meinem Beruf verloren und spüre am Sonntagmittag schon den Kloß im Hals, weil ich am Montag wieder in die Arbeit muss. Der Terror dort macht mich so fertig, dass ich seit fünf Jahren an schweren Depressionen leide.

Ich kann aber nicht kündigen, weil ich keine Kraft mehr habe, mich bei einer neuen Firma zu bewerben und vorzustellen. Sie haben mich schon so kaputtgemobbt, dass ich nur noch mit Medikamenten den Tag überstehe.« Originalton Marianne M., med.-techn. Assistentin an einer der Uni-Kliniken Münchens.

Als Marianne M. vor acht Jahren die Stelle im städtischen Krankenhaus antrat, gab es ziemlich bald Querelen, weil sie den bestbezahlten Posten innehatte. »Man sagte zu mir: Sie haben doch Dreck am Stecken oder mit jemandem eine Leiche im Keller«, erzählt sie, »aber als ich die Sache klären wollte, hörte mir keiner zu. Die Kolleginnen wollten die Wahrheit gar nicht wissen, nämlich dass ich eine Zusatzausbildung auf eigene Kosten gemacht habe, um weiterzukommen und eben eine solche Stelle zu bekommen. Sie wollten mich mobben, weil sie neidisch waren, dass ich ein paar Mark mehr verdiente als sie. Im öffentlichen Dienst weiß ja jeder, was eine IVb-Stelle wert ist. Und die hatte ich auf ganz normalem Bewerbungsweg bekommen. Vielleicht waren sie sauer, dass sie nicht bedacht wurden, aber dafür kann ich doch nichts. Der damalige Chef kriegte alles mit, griff aber nicht ein, redete jedem nach dem Mund und wurde am Ende dann selbst rausgeekelt.«

Nachdem sich die Kollegen fürs Erste beruhigt hatten, kam die Order: Es muss rationalisiert werden! Doch wie macht man das im öffentlichen Dienst, wo so viele Mitarbeiter unkündbar sind? Marianne M. weiß die Antwort: »Das wird per Mobbing erledigt. Da pickt man sich ein paar Figuren raus, die man ohnehin nicht mag, und denen macht man das Leben so schwer, dass sie von selbst gehen. Sehr oft funktioniert diese Methode auch, aber bei mir war sie bisher nicht erfolgreich, weil ich es mir finanziell einfach nicht leisten kann, alles hinzuwerfen. Ich lebe allein und habe meine ganze Kosten-Kalkulation darauf ausgerichtet, dass ich auf jeden Pfennig angewiesen bin. Ich würde auf jeden Fall 500 Mark einbüßen, wenn ich wechseln würde. Vorausgesetzt, ich würde überhaupt eine neue Stelle finden. In der Industrie bin ich mit meinen 45 Jahren kein Thema mehr. Mir bleibt also gar nichts anderes übrig, als durchzuhalten. Zudem habe ich eine günstige Dienstwohnung, die ich bei einer Kündigung ebenso los wäre wie eine sehr gute Zusatzrente.«

Um Marianne M., die teuere Kraft, loszuwerden, setzte ihr Chef auf raffinierte Art eine willige Kollegin auf sie an, die direkt mit ihr zusammenarbeitete. Sie sorgte für reichlich Spannung am Arbeitsplatz und beobachtete genau, was Marianne den ganzen Tag über tat. »Die fühlte sich total wichtig und merkte nicht einmal, dass sie benutzt wurde. Wenn ich irgendetwas machte, was ihrer Meinung nach falsch war, drohte sie sofort: Das sage ich dem Chef, dann gibt's Ärger! Ein anderes Mal sagte sie zu mir: Wenn Sie mir nicht sofort helfen, schlage ich Sie! Dabei klang ihre Stimme total hysterisch. Mir war klar, dass sie ziemlich dumm war und das ideale Werkzeug für den Drahtzieher im Hintergrund. Irgendwie konnte ich sie gar nicht richtig ernst nehmen, andererseits war sie sehr gefährlich, weil sie sich bei unserem Chef unbedingt einschmeicheln wollte. Mit ihrem permanenten Gepetze schaffte sie es schließlich auch, dass ich zitiert wurde. Bei der Gelegenheit berichtete ich dem Boss auch, dass mir die Kollegin Schläge angedroht hatte, doch als sie dazu befragt wurde, stritt sie natürlich alles ab, und ich war wieder die Dumme, die Gespenster sieht und hört.«

Es folgte ein ständiger Chefwechsel und jeder schien von oben den Auftrag zu haben, Marianne M. einzusparen bzw. weichzukochen und zur Kündigung zu bewegen. »Meine Chefs sind ja Ärzte, zum großen Teil Neurologen, die wissen genau, wie man jemanden fertig macht, und sie gehen sehr gezielt vor«, sagt sie. »Ich kann einfach nichts recht machen und werde am laufenden Band versetzt. Die wollen mich um jeden Preis loswerden und wenn sie eine vernünftige Begründung hätten, wäre mir schon längst die Kündigung ins Haus geflattert. Aber ich mache es ihnen nicht leicht und liefere ihnen keinerlei Argumente. Ich brauche den Job, sonst ist meine Existenz gefährdet.

Im Moment bin ich in einer Abteilung, für die ich überhaupt nicht ausgebildet bin. Ich habe darauf aufmerksam gemacht, doch dann hat mich der Chef dort, der natürlich auch über die ›Sparmaßnahme‹ Bescheid weiß, nur gefragt: Wollen Sie die Arbeit verweigern? Das hätte denen so gepasst, dann hätten sie ja ihren Grund gehabt. Jetzt haben Sie mir mangelnde Motivation vorgehalten und mich für die dümmsten Handlangerarbeiten eingeteilt.

Dass ich nach fünf Jahren Terror am Ende meiner Kräfte bin, interessiert die Herren Mediziner nicht. Sie warten ja darauf, dass ich zusammenbreche und endlich gehe. Ich wache nachts schweißgebadet auf, weil mich das alles so beschäftigt, habe schlimme Migräneanfälle und starke Depressionen. Tagsüber halte ich mich mit Medikamenten über Wasser. Ich kann auch zu Hause nichts mehr tun, pflege kein Hobby mehr und habe kaum noch Freunde, weil diese es verständlicherweise nicht mehr hören können, was bei mir in der Klinik schon wieder abgegangen ist. Ich weiß nicht, wie es weitergehen soll. Der Rechtsanwalt, den ich aufgesucht habe, hat alle meine Hoffnungen, etwas gegen die Schikanen unternehmen zu können, begraben. Er meint, ich hätte keinerlei Beweise und daher auch null Chancen. Mobbing ist eben auch deshalb so gemein, weil es meistens hinterrücks abläuft und die Täter am Ende immer alles abstreiten.«

Der Fall Marianne M. ist ganz typisch für Mobbing im öffentlichen Dienst. Da wird von ganz oben über ein paar Codeworte die Devise ausgegeben: Die muss eingespart werden, lasst euch was einfallen; denn kündigen können wir ihr nicht. So wird dem Psychoterror und so manchem Mobber

Tür und Tor geöffnet. Fast wie auf einem Jahrmarkt: Wer hat noch nicht, wer will noch mal? Jeder, der das Opfer nicht mag, sieht so seine ganz legale Chance, es ihm mal richtig zu geben. Und wer sich damit gleichzeitig noch profilieren kann beim Boss, der wird sich das nicht entgehen lassen. Das arme Opfer hat praktisch keine Möglichkeit, dem üblen Spektakel zu entkommen. Es sei denn, es tut das, was man von ihm will: es kündigt.

Agnes L. (30), freiberufliche Galeristin: Erst ausspioniert und dann ausgebootet

»Es war für mich als freiberufliche Galeristin und Kunsthändlerin ein dicker Fisch, den ich an Land gezogen hatte. Der Auftrag, für eine elitäre Unternehmensberatung im Jahr vier Ausstellungen durchzuführen, kam mir nicht nur finanziell sehr gelegen, sondern machte mir auch großen Spaß. Dass ich dabei gemobbt werden könnte, war gar kein Thema für mich.« Agnes L. schüttelt den Kopf und starrt ins Leere, als sie davon erzählt. »Ich dachte immer, Mobbing-Opfer können nur Festangestellte werden, weil die sich den ganzen Tag in einem Betrieb aufhalten. Aber dass ich als Freiberuflerin, die unregelmäßig in einer Firma vorbeikommt und sonst außer Haus arbeitet, das erleben könnte, schien mir unmöglich. Ich wurde eines Besseren belehrt.«

Agnes L. hatte mit der Unternehmensberatung ein festes Honorar pro Exposition vereinbart, aus dem sie auch noch Unkosten bestreiten musste. Sie erinnert sich: »Die erste Ausstellung war sehr erfolgreich, ich konnte sieben qualifizierte Künstler gewinnen, ihre Werke zur Verfügung zu stellen. Dann hatte ich noch ein Streichquartett für die Vernissage organisiert, sodass alles rundherum stimmte.

Frau Schmid, die schon ziemlich lange als Chefsekretärin bei der Firma war, befand sich zu diesem Zeitpunkt in Urlaub. Sonst wäre das wohl nicht so problemlos abgelaufen. Sie musste mir dann später ausrichten, dass Kunden angerufen hätten und sich noch einmal lobend über ›den gelungenen Abend‹ äußerten. Dabei merkte ich, wie es sie wurmte, das sagen zu müssen. Wenn Blicke töten könnten, wäre ich in diesem Moment umgefallen. Dabei sahen wir uns zum ersten Mal und ich begegnete ihr auch völlig unbelastet. Aber dieser Hass, der mir da sofort entgegenprallte, schockte mich. Mit wem ich es tatsächlich zu tun hatte, demonstrierte mir Frau Schmid schon bald darauf bei der zweiten Ausstellung. Sie schwärzte mich beim Chef an, ich sei überhaupt nicht kooperativ und spielte ihm gegenüber hinter meinem Rücken alles, was ich in mühsamer Kleinarbeit organisiert hatte, herunter. Von Kollegen hörte ich, dass sie vorschlug, mich bräuchte man doch gar nicht, das könne doch sie selbst viel besser machen. Welcher Chef hat kein offenes Ohr, wenn's ums Sparen geht?

Schließlich verlangte sie von mir, dass ich alle Memos und Adressen von wichtigen Künstlern, die für mich als Freiberuflerin ein enormes Kapital sind, in ihren Computer eingebe. Ich weigerte mich, weil ich keinen Sinn darin sah und schon ahnte, was dabei herauskommen könnte: Wenn sie nämlich diese wichtigen Unterlagen besitzt, wäre ich bald entbehrlich und meinen Auftrag los, den ich dringend brauchte, um meine monatlichen Kosten bestreiten zu können. Ich wurde ja von der Firma eingekauft, weil ich über diese Kontakte zur Kunstszene verfügte.«

Alle im Unternehmen kannten die Schmid als Intrigantin, doch aufgrund ihrer langen Dienstzugehörigkeit hatte sie eine gewisse Narrenfreiheit und niemand wagte es, sich mit ihr anzulegen. Die Chefs ließen zwar immer wieder durchblicken, dass sie das, was ihre Sekretärin sagte, nicht immer für bare Münze nahmen – aber manchmal waren sie eben doch verführt, ihr zu glauben. Vor allem dann, wenn es ihnen in den Kram passte. Agnes L.: »Ich hatte ein Gespräch mit einem Boss, der mir auch Rückendeckung gab, aber als die nächste Ausstellung anstand, konnte leider auch er es nicht verhindern, dass sich Frau Schmid massiv einmischte und profilieren wollte. Meines Erachtens war sie schon immer scharf darauf, so etwas zu machen, aber durfte nie oder hatte nie die Gelegenheit. Und nun stand ich ihr im Weg.

Sie spielte sich als so federführend auf, dass sie bei einer Kunstausstellung hinter meinem Rücken mehrere Bilder abhängte, weil sich dadurch die Leute angeblich ›erschlagen fühlten‹. Dass die Gäste vielleicht wegen der Kunst kamen, mochte sie nicht begreifen. Tatsache war, dass sie sich damit mir gegenüber auch geschäftsschädigend verhielt, denn was nicht an der Wand hängt, wird auch nicht verkauft. Ich wusste gar nicht, wie ich das den Künstlern erklären sollte. Wenn keiner ihre Bilder kaufen konnte, bekam natürlich auch ich als Händlerin keine Provision.

Dazu kam noch das Theater mit meinem Honorar. Sie behielt meine Rechnungen zurück und gab sie nicht zur Unterschrift oder sie reichte einfach den Scheck nicht an mich weiter. Es dauerte immer eine halbe Ewigkeit, bis ich zu meinem Geld kam. Ich beschwerte mich beim Chef, sie bekam auch einen Anpfiff, aber redete sich natürlich damit raus, dass sie keine Zeit gehabt hätte und so viel Stress. Durch meine Beanstandung gewann ich überhaupt nichts, im Gegenteil! Sie wurde nur noch unverschämter zu mir und händigte mir den nächsten Scheck nur nach meiner Aufforderung aus. ›Ach Gott, er liegt ja noch in meiner Schublade, ich habe es ganz vergessen‹, sagte sie mit hämischem Grinsen. Ich glaube, dass ich irgendwann durchschimmern ließ, dass ich dringend Geld brauche, und das machte sie sich eiskalt zunutze. Ich fühlte mich immer entnervter und ließ mich deshalb irgendwann dazu hinreißen, Adressenmaterial und Tipps herauszugeben. Ich konnte einfach nicht mehr.«

Nachdem Frau Schmid ihrem Mobbing-Opfer Agnes L. für die Firma und sich selbst genug Know-how und Unterlagen herausgepresst hatte, arbeitete sie immer gezielter auf den Hinausschmiss der ihr so verhassten Freiberuflerin hin. Zur letzten geplanten Ausstellung kam es dann auch gar nicht mehr, weil die Täterin wichtige Informationen von Agnes L. dazu gar nicht mehr an den Chef weitergab. So unterband sie »eigenverantwortlich« eine weitere Zusammenarbeit zwischen der Firma und der Galeristin.

Das Opfer: »Sie hatte es also geschafft. Ich war fertig mit den Nerven; denn die Schmid spionierte mich mit System aus, um mich dann abschieben zu können. Jetzt arbeitet das Unternehmen mit meinen Adressen, meinen Kontakten – und ich habe das Nachsehen. Eigentlich hätte ich dafür eine Abfindung bekommen müssen, doch ich war ja nur eine Freiberuflerin, der man jederzeit den Kick geben konnte. Manchmal frage ich mich, ob das von vornherein so geplant war, oder ob es wirklich die Schmid war, die das dann so drehte. Man kriegt unendlich viele Zweifel, wenn einem so etwas passiert. Die Chefs hätten dem Spuk ja auch Einhalt gebieten können, sie wussten Bescheid. Dass sie es nicht taten, lässt in mir die Vermutung keimen, dass sie mit Frau Schmids Vorgehen einverstanden waren.«

Agnes L. hat die Sache noch nicht ganz verarbeitet, obwohl sie schon eine Weile zurückliegt. Wenn sie darüber spricht, spürt man, wie sie sich erneut ärgert. Am schlimmsten findet sie es, dass man sich intriganten Tätern gegenüber so ohnmächtig und ausgeliefert fühlt. Und weil solche Typen das merken, nehmen sie sich immer mehr Unverfrorenheiten heraus, bis sie ihr Opfer schließlich am Boden wissen. Frau Schmid empfand Agnes L. vom ersten Tag an als Eindringling, der etwas machte, was sie sich selbst schon lange wünschte. Und wenn ihr es schon versagt blieb, Ausstellungen zu organisieren, dann brauchte die andere das auch nicht zu tun.

Basta! Aber wer weiß denn schon, was noch kommt – Know-how und Adressenmaterial reiße ich mir vorsichtshalber mal unter den Nagel! dachte sich die Schmid wohl. Gegen so viel Dreistigkeit hatte Agnes L. einfach keine Chance. Deren Status als Freiberuflerin, die quasi jederzeit wieder abbestellt werden konnte, erleichterte der Mobberin das Handwerk erheblich. Sie konnte sich damit aufs Neue als eine Kraft profilieren, die für die Firma spart, und Agnes L. konnte – wie so viele Mobbing-Opfer – nicht einmal Schwierigkeiten machen, weil sie keine richtigen Beweise in der Hand hatte.

Jürgen R. (50), Redakteur: Von seinem feigen Chef nach dem Urlaub degradiert

Die Urlaubsreise war ein voller Erfolg und Jürgen R., Umwelt-Redakteur bei einer Zeitschrift, kehrte gut erholt an seinen Arbeitsplatz zurück. Nichts Böses ahnend, ging er in sein Büro. Die Kollegen, die er im Lift getroffen hatte, verhielten sich zwar etwas merkwürdig, doch er maß dem keine weitere Bedeutung bei. Die Überraschung folgte sogleich: An seinem Schreibtisch saß Anita F., eine Kollegin aus einem anderen Ressort. Sie zuckte mit den Schultern und sagte kleinlaut: »Sorry, er möchte, dass ich in Zukunft deinen Job mache, und du sollst in die Dokumentation. Ich kann nichts dafür, glaub's mir!« Die andere Kollegin, mit der Jürgen R. jahrelang im Zimmer saß, legte mitfühlend den Arm um ihn. »Er hat dich schon lange auf dem Kieker, das weißt du doch. Und feige wie er ist, hat er zugeschlagen, als du im Urlaub warst. Stelle ihn doch zur Rede!« Er – das war der Chefredakteur, und dem wollte es Jürgen R. jetzt geben. Er war so aufgebracht, dass er umgehend zu dessen Büro lief.

Schon die Sekretärin blockte den degradierten Mitarbeiter ab. Jürgen R.: »Ich stürmte natürlich gleich Richtung

Cheftür, sie hielt mich auf. ›Bitte, bleiben Sie da, ich darf Sie nicht reinlassen!‹, sagte sie. ›Er will nicht mit Ihnen sprechen, tut mir leid. Seien Sie so lieb und lassen Sie es jetzt, sonst kriege ich wieder Probleme.‹ Ich mochte die nette Dame, deshalb unterließ ich es schließlich auch. Wenn er wieder einen seiner besonders schlimmen Tage hatte, hätte sie danach dafür büßen müssen.

Was mich total erzürnte, war einfach diese Feigheit, mich in meiner Abwesenheit in die Dokumentation zu stecken. Diese Abteilung war für einen gelernten Redakteur gewissermaßen das Austragsstübchen, womit ich die Tätigkeit der Mitarbeiter dort nicht abwerten will. Mir war bewusst, dass er mich nicht leiden konnte und auch meine Arbeit nicht mochte, aber dass er nicht einmal so viel Rückgrat besaß und dies mit mir besprach, machte mich unendlich wütend. Ich nahm mir vor: Der entkommt mir nicht! Auf Dauer kann er nicht vor mir weglaufen, ich werde ihn kriegen und ihm meine Meinung dazu glasklar sagen!«

Doch Jürgens Chefredakteur dachte gar nicht daran, sich mit seinem Mitarbeiter auseinander zu setzen. Diskussionen konnte er überhaupt nicht ausstehen und Erklärungen waren auch nicht seine Sache. Er war ein leiser Tyrann, d. h. er schrie nicht herum, aber trotzdem zitterten die meisten vor ihm. »Ich gehörte nie zu denen, die erstarrten, wenn er den Konferenzraum betrat. Und ich widersprach ihm auch, wenn er eine Meinung vertrat, die ich nicht gut fand«, sagt der Degradierte. »Ich dachte immer, dass es doch gerade in unserem Beruf sehr wichtig ist, unterschiedliche Auffassungen zu haben. Der große Meister sah das wohl anders und ich kriegte nun die Strafe für zu häufige Widerreden. Ich fühlte mich auf übelste Weise gemobbt und wandte mich an den Betriebsrat. Dort bekam ich nur zu hören: Gegen den kann man kaum etwas unternehmen, der hat einen zu guten Stand beim Verleger. Ich dachte über Kündigung nach, doch zum einen gab es keine andere Stelle, die für mich infrage kam, und zum anderen widerstrebte es mir, wegzulaufen. Außerdem hatte ich eine Familie zu ernähren, sodass ich mir keinen voreiligen Entschluss erlauben konnte.«

Erst wollte er es sich nicht eingestehen, aber diese ganze Aktion nagte psychisch sehr an Jürgen. »Ich kam mir im Grunde total minderwertig und abgeschoben vor, aber ich spielte in der Redaktion den Coolen, den so etwas nicht aus der Bahn werfen kann. Nur meine Frau wusste, wie ich litt. Ich konnte nachts nicht mehr durchschlafen, bekam entsetzliche Magenschmerzen und konnte kaum noch etwas essen. Ich war in ständiger ärztlicher Behandlung und ging schließlich wochenlang nicht mehr ins Büro. Zu einer Aussprache mit dem Tyrannen hatte ich auch keine Lust mehr, ich war völlig zerstört.

Die Kollegen versuchten, mich zu trösten: ›Wenn du das gleiche Geld kriegst wie vorher, dann mach dir doch in der Dokumentation einen schönen Lenz und sitz die Situation aus! Der macht's ohnehin nicht mehr lange.‹ Wenn die gewusst hätten, wie es mir wirklich ging! Ich schämte mich vor ihnen, so angeknackst zu sein, und mimte immer den Fröhlichen, der's ihm jetzt gibt, indem er so lange krankgeschrieben ist. Heute weiß ich, dass dieses Verhalten sehr infantil und naiv von mir war; denn meine Abwesenheit kam ihm ja sehr gelegen. Dadurch, so glaubte er wohl, könne er mir demnächst kündigen. Er mobbte immer auf heimliche und feige Art, sodass es kaum einer mitbekam – nicht einmal das Opfer selbst. Und plötzlich schlug er dann brutal aus dem Hinterhalt zu.«

Der Chefredakteur wurde gefeuert, als Jürgen R. wieder einmal im Krankenstand war. Genauso plötzlich, wie er seinen Mitarbeiter auf den »Strafstuhl« in der Dokumentation setzte. »Ich konnte mich nicht einmal richtig freuen, weil ich zu kaputt war, aber ich empfand es durchaus als gerecht und war sehr erleichtert. Seitdem habe ich meinen alten Platz und meinen alten Aufgabenbereich wieder und gehe mit neuem Elan ins Büro. Der Nachfolger des Tyrannen ist ein sehr angenehmer, vernünftiger Mensch, mit dem es sich gut leben und reden lässt. Die ganze Stimmung in der Redaktion hat sich schlagartig verbessert.«

Am Beispiel von Jürgen R. ist klar zu erkennen, wie vielfältig Mobbing sein kann und wie sehr es auch Männern zu schaffen macht. Typisch männlich mag es auch sein, dass unser Opfer sein Problem der Degradierung vor Kollegen bewusst herunterspielte, aber in Wirklichkeit sehr darunter litt. Ein starker Mann kennt eben keinen Schmerz dieser Art, so etwas schreibt man eher Frauen zu. Irrtum! Männer bemerken oft sehr spät, dass sie gemobbt werden, weil sie Querelen grundsätzlich als normales Konkurrenzverhalten betrachten.

Zitate zur Angst am Arbeitsplatz

»Die Schule ist für mich ein einziger Horror. Die 9. Klasse z. B., wo alle rumhampeln und quatschen, während ich versuche, etwas zu erklären. Ich merke, dass ich mich nicht durchsetzen kann, auch nicht gegenüber dem Direktor und den Eltern, die immer was zu meckern haben.«
Lehrerin, 41 Jahre

»Ich glaube, unser Abteilungsleiter hat panische Angst, gefeuert zu werden. Wenn was schief gelaufen ist, geht er zu seinem Boss und sagt: ›Mit den alten Tanten ist das alles ja nicht zu schaffen.‹ Ich weiß genau, wen er damit meint. Aber wie soll ich mich dagegen wehren?«
Buchhalterin, 57 Jahre

»Seit ich im Akkord arbeite, muss ich jeden Tag ein ganz bestimmtes Pensum erfüllen. Egal, ob es mir gut geht und in welcher Verfassung ich bin.«
Akkordnäherin, 38 Jahre

»Es kann einfach so nicht weitergehen. Nachts nur eine Schwester für die ganze Station, da kann ich nicht immer korrekt sein und alles richtig machen. Manchmal wird mir ganz schlecht, wenn ich daran denke, was alles passieren könnte, wenn ich mal einen Aussetzer habe.«
Krankenschwester, 30 Jahre

»Nach der Wende kündigten die neuen Chefs für jedes Quartal eine Entlassungsrunde an. Das bedeutete jedes Mal wieder die Angst: Bin ich dabei? Trifft's mich? Da kann man doch nicht mehr konzentriert und vernünftig arbeiten! Für einen simplen Bericht brauche ich manchmal doppelt so viel Zeit wie früher.«
Tiefbauingenieur, 37 Jahre

»Als ich hier neu anfing, hat mir keiner was erklärt. Mein Chef sagte nur: ›Suchen Sie mir bis Ende der Woche fünf Grafiker, die für den Job am Wochenende geeignet sind. Da ist Ihr Schreibtisch und das Telefon. Also, legen Sie gleich los.‹ Am schlimmsten finde ich, dass man nie gelobt wird, dass alles so selbstverständlich ist. Aber wehe, man packt es mal nicht! Dann heißt es gleich: Die ist eben für diese knallharte Branche nicht geeignet.«
Werbeassistentin, 23 Jahre

»Ich kann doch sowieso nichts ändern. Also muss ich es hinnehmen. Der Missstand ist der, dass man sich nicht geachtet fühlt von der Geschäftsleitung. Man wird nicht gelobt, man wird nicht getadelt. Man kriegt gar keine Resonanz. Deshalb stelle ich mir manchmal die Frage: Mensch, was sollst du hier überhaupt? Eigentlich könntest du doch gleich daheim bleiben. Aber das Geld, das brauchst du …«
Mess- und Regeltechniker, 44 Jahre

9 Das extra gemeine Mobbing: Frauen gegen Frauen

Mobbing – eindeutig Frauensache?

Mobbing ist kein reines Frauenproblem. Von den betroffenen Opfern sind zwar 55% Frauen, aber auch 45% Männer. Was den Psychoterror angeht, so bleiben die Geschlechter am liebsten unter sich: Männer werden überwiegend von Männern gemobbt, Frauen von Frauen. Mobbing-Forscher Heinz Leymann: »Das mag daran liegen, dass die Geschlechter am Arbeitsplatz weitgehend voneinander getrennt sind. Männer arbeiten immer noch hauptsächlich mit Männern zusammen, Frauen vorwiegend mit Frauen. Der Grund dafür, dass es mehr mobbende Männer als Frauen gibt: Die Führungspositionen sind mehrheitlich von Männern besetzt.« Auch wenn sich Mobbing von oben nach unten stärker auswirkt, darf dies nicht darüber hinwegtäuschen, dass es auf der gleichen Ebene auch von Frauen besonders gerne praktiziert wird.

Deutliche Geschlechtsunterschiede zeigen sich lt. Leymann bei der Häufigkeit des Mobbing: Die meisten Männer geben an, dass sie einmal in der Woche »drankommen«, Frauen klagen darüber, dass sie beinahe täglich gemobbt werden.

Bisher kann die Statistik noch keine eindeutige Antwort auf die Frage geben, ob Mobbing mehr in reinen Frauen- oder Männergruppen abläuft oder in gemischten Gruppen. Nach Leymanns Beobachtungen scheint es aber tatsächlich so zu sein, dass Gruppen, in denen sich die Anzahl von Männern und Frauen einigermaßen die Waage hält, besser vor Mobbing geschützt sind. Die Ursache dafür könnte sein, dass geschlechtsspezifisches Mobbing-Verhalten in diesen Gruppen besser neutralisiert wird.

Nur 3% Männer werden von Frauen gemobbt. Heinz Leymann: »Interessant ist aber, dass sich das sofort ändert, wenn der Mann im Beruf nicht vollwertig ›seinen Mann steht‹, also körperliche oder mentale Schwächen hat. Dann wird er weit eher auch von Frauen angegriffen.«

So unterscheiden sich mobbende Frauen von mobbenden Männern

Frauen und Männer unterscheiden sich beim Mobbing vor allem durch die Art der Angriffe. Der Arbeitspsychologe Martin Resch: »Männer wählen eher passivere Formen (nicht mehr mit jemandem reden) oder weichen auf Sachthemen aus (Veränderungen in der Arbeitsaufgabe, Angriffe gegen die religiöse oder politische Einstellung). Frauen dagegen wählen eher aktive Handlungen, die das Ansehen der Person verletzen (Klatschen, Verleumden, indirekte Anspielungen).«

Typisch weibliche Methoden sind:

- Man spricht hinter dem Rücken der Kollegin schlecht über sie, zieht ihr Privatleben durch den Kakao und lästert.
- Man macht das Opfer vor anderen lächerlich, indem man es aufgrund seiner Kleidung, Figur, Frisur, Mimik oder Stimme verspottet.
- Man heizt ein Gerücht an, ohne es vorher auf seinen Wahrheitsgehalt hin zu überprüfen.
- Man lässt die Kollegin selbst nicht mehr zu Wort kommen, hetzt aber hinter ihrem Rücken über sie.
- Man nutzt eine Behinderung der anderen aus und macht sich darüber in unflätiger Weise lustig.
- Man verunsichert das Opfer durch permanente Anspielungen, ohne etwas direkt zu sagen.
- Man kritisiert am laufenden Band an der Arbeit der Kollegin herum, jeder noch so kleine Fehler wird zum Ereignis.

Typisch männliche Methoden sind:

- Man teilt den ungeliebten Kollegen zur Strafe dauernd für neue und undankbare Tätigkeiten ein und lässt ihn im Unklaren darüber, was das soll.
- Man bedroht das Opfer, oft sogar mit Gewalt, und setzt es damit unter Druck.
- Man ignoriert den Kollegen, spricht nicht mehr mit ihm und behandelt ihn wie Luft. In Besprechungen wird er übergangen, seine Bemerkungen hört man nicht.
- Man äußert sich bissig-spöttisch über die politische oder religiöse Einstellung des Opfers. Man lässt unmissverständlich durchblicken, was man von seiner Lebensweise hält.
- Man weist ihm einen Arbeitsplatz zu, an dem er von anderen völlig abgeschottet ist und kaum noch Kontakte pflegen kann.
- Man lässt ihn nicht mehr zu Ende reden, unterbricht ihn ständig, kehrt seine Schwächen heraus und qualifiziert ihn deshalb systematisch ab.
- Man gibt ihm gezielt Arbeiten, die sein Selbstbewusstsein verletzen, um ihn zu zermürben.

Die Taktiken unterscheiden sich, doch welche Übel nun die kleineren sind, sei dahingestellt. Ob nun – wie bei Frauen – hinter dem Rücken gelästert wird oder – wie bei Männern – dem Opfer einfach jede Art der Kommunikation abgeschnitten wird, das Ziel ist immer dasselbe: Das Opfer soll verunsichert werden, das Selbstwertgefühl verlieren und am Ende am besten das Feld räumen.

Der Forscher Leymann allerdings sieht in der Tatsache, dass mehr Frauen als Männer die Mobbing-Selbsthilfegruppen aufsuchen, einen Grund dafür, dass Frauen auch mehr leiden. »Wenn eine Frau ständig und auf hässlichste Weise lächerlich gemacht wird, wenn andauernd über sie getratscht wird, dann könnte dies weit schmerzhafter sein, als wenn ein Mann eher passiven Handlungen (z. B. nicht mehr mit ihm sprechen) ausgesetzt ist. Wenn man bedenkt, dass Frauen fast täglich und meistens von Frauen, Männer dagegen einmal pro Woche und von Männern angegriffen werden, dann können wir die geschlechtsbedingte Vorliebe für gewisse Handlungen verallgemeinern: Männer werden nicht nur auf ›männliche‹ Weise angegriffen, sie greifen auch selbst so an. Ebenso ist es bei Frauen. Sie werden auf ›weibliche‹ Weise angegriffen und greifen auch selbst auf diese Art an.«

Das paarweise Vorgehen von Frauen

Frauen mögen Alleingänge nicht. Sie brauchen für viele Dinge eine Vertraute, mit der sie sich besprechen und austauschen können. Schon in der Pubertät beginnt es, dass sich ein Mädchen eine Freundin hält, die oftmals viel besser informiert ist als die Mutter oder der Freund. Über ihn und die ersten Erfahrungen mit dem anderen Geschlecht wird zusammen getuschelt und geschwätzt. Mädchen gehen zu zweit auf die Toilette und haben immer Heimlichkeiten, was Jungen nie verstehen mögen, aber umso neugieriger macht. Diese Verhaltensweise legen sie auch als Erwachsene nicht ab.

Stellen Sie sich folgende Situation vor: Zwei Frauen telefonieren stundenlang miteinander. Danach fragen ihre Männer: »Was war denn nun so Wichtiges?« Die Antwort lautet in der Regel: »Ach, nichts Besonderes.« Da drängt sich einem Mann natürlich die Frage auf: Wenn sie schon nichts Besonderes besprechen, warum brauchen sie dann so lang?

Auch am Arbeitsplatz stecken Frauen mehr zusammen als Männer. Und meistens hat jede eine Kollegin, mit der sie sich extra gut versteht und die bald zur Freundin avanciert. Man trifft sich auch allein zu zweit außerhalb der Diensträume und gluckt zusammen. Interessant ist, dass sich dieses paarweise Vorgehen von Frauen letztlich durch ihr ganzes Leben zieht.

Es kommt zwar vor, dass die Partnerin mal ausgetauscht wird, doch das Paarsystem wird eingehalten.

Gibt es keine Probleme, treten die Frauen oft wie siamesische Zwillinge auf. Will man die eine treffen, muss man auch die andere in Kauf nehmen – oder umgekehrt. Geht die »Liebe« aber in Brüche, dann kann einiges an Rache geboten sein. Wehe der, die in Ungnade fiel! Handelt es sich um außenstehende Kollegen, die den Missmut und Zorn eines Freundinnen-Paares erregen, dann ist Vorsicht angesagt. Zwei Damen, die sich einig sind, können nämlich oft sehr gut Intrigen spinnen und anderen zusetzen. Zumal dann, wenn sie anderen irgendetwas neiden. Sie schaukeln sich dann gegenseitig hoch und machen oft einen Sport daraus, andere fertig zu machen.

Wenn eine der anderen Erfolg und Beliebtheit nicht gönnt

Wie gemein und widerwärtig Frauen sein können, wenn sie mobben, das wissen wohl nur die, welche Opfer wurden. Tatjana A., Werbeassistentin, fiel ihrer Kollegin Angelika H. in die Hände. Und alle Gerüchte, die über Frau H. in Umlauf waren, bestätigten sich für Tatjana innerhalb von wenigen Tagen. »Es hieß, die Dame sei vom Neid zerfressen, menschenverachtend, intrigant, unverschämt, egoistisch, frauenfeindlich und frustriert«, erzählt das Opfer, »und das stimmte leider alles. Die erste Frage, die sie mir stellte, als sie ins Zimmer kam, in dem sie zusammen mit mir sitzen sollte, lautete: ›Auf welchen Typ Mann stehen Sie?‹ Ich war so perplex, dass ich diese dumme und anmaßende Frage auch noch beantwortete: ›Eher auf junge Typen.‹ Sie atmete kräftig durch und strahlte: ›Gott sei Dank, dann kommen wir uns ja da nicht in die Quere, ich stehe nur auf ältere Herren.‹ Erst danach wurde mir bewusst, was gerade abgelaufen war.«

Tatjana war in der Firma sehr beliebt und gehörte schon lange dazu. Sie war zudem erfolgreich und erhielt von Kunden wie Chefs immer mal wieder ein Lob. Angelika H. merkte sehr bald, dass sie es nicht leicht haben würde, neben der Kollegin zu bestehen. Und deshalb griff sie auf alle ihre bewährten Mobbing-Methoden zurück, die schon in anderen Betrieben so erfolgreich funktioniert hatten, sie allerdings auch zu einer sehr verhassten Figur machten, die immer mehr Mühe und Not hatte, irgendwo unterzukommen. Dieses Mal hatte sie wieder Glück, weil sie mit ihrem ältlichen Gehabe und falschen Schmeicheleien den lobempfindlichen und von Komplexen beladenen Chef beeindruckte.

Tatjana: »Wenn ich die Post öffnete und Einladungen oder ein Geschenk von Kunden bekam, schielte sie mit gierigen Augen über den Schreibtisch. Ich spürte richtig, wie der Neid in ihr hochkam. Eines Tages ging sie dann zum Boss, der ohnehin unfähig war, Nein zu sagen, und beschwerte sich darüber, dass ich so viel Post bekommen würde und sie keine. Sie möchte auch mal ein Geschenk von einem Kunden kriegen. Es mag für Außenstehende kindisch und lächerlich klingen, aber so war es tatsächlich. Und ihre Klage hatte beim Chef auch Erfolg. Fortan mussten alle meine Briefe und Pakete bei ihm abgeliefert werden, damit die Dame dann in Ruhe auswählen konnte. Ich stellte ihn zur Rede, doch er wimmelte mich ab: ›Lassen Sie mich mit diesem Kinderkram in Frieden.‹ Wenn sie mit diesem Kinderkram zu ihm kam, hörte er ihr stundenlang zu. Ich hatte zum Glück so ein gutes Verhältnis zu den Kunden, dass die mich von nun an telefonisch einluden und Geschenke nach Hause schickten. Das hatte sie also davon.«

Angelika H. hatte massive und anhaltende Probleme mit Männern. Keiner wollte sich auf Dauer mit ihr einlassen. Deshalb neidete sie jeder Kollegin den Mann. Egal, ob der sie überhaupt jemals gewollt hätte oder nicht. Sie war immer krampfhaft auf der Suche. Am allerliebsten aber hätte sie einen Prominenten gehabt, Howard Carpendale etwa. In ihrem Frust mobbte sie jeden, der sie nicht sofort direkt in ihre Schranken wies. Sie war die perfekte Intrigantin.

»Ihre Vorliebe war es auch, mich immer wieder auf meine Kleidung oder Figur hin dumm anzureden«, sagt Tatjana. »Einmal sagte sie: ›Was haben Sie denn da für eine Bluse an?‹, und griff mit spitzen Fingern an die Ärmel. ›Polyester, nicht wahr? Das würde ich nie kaufen, ich habe alles aus Seide.‹ Ich war so platt über so viel Unverschämtheit, zumal die Bluse nicht einmal aus Polyester war, dass ich nur kopfschüttelnd weggegangen bin. Ich hatte einfach auch keine Lust, mich auf dieser Ebene mit jemandem auseinander zu setzen. Als ich den Boss bat, in ein anderes Zimmer ziehen zu dürfen, weil ich die permanenten Gifteleien der Angelika H. nicht mehr ertrug, sagte er nur: ›Aber Sie sind doch die Vernünftigere, lassen Sie sie doch einfach quasseln und hören Sie weg.‹ Doch so einfach ging das nicht. Wenn man Tag für Tag mit so einer Kollegin in einem Raum zusammensitzt, steht es einem bis oben und man kann sie irgendwann nicht mehr sehen. Ich überlegte selbst schon, wie ich sie mobben könnte. Ich unterhielt mich mit den Kollegen, die auf meiner Seite waren, doch wir verwarfen die Idee dann, weil sie uns zu dumm erschien. Wir wollten uns nicht auf das Niveau der Angelika H. herablassen.«

Was so erstaunlich ist an diesem Fall: Obwohl die Täterin von allen Kollegen abgelehnt wurde und sich niemand mit ihr verbrüderte, schaffte sie es immer wieder, beim schwachen Chef so lange gegen Tatjana zu intrigieren, dass dieser ihr letztlich jeden Wunsch erfüllte. Er war einfach nicht in der Lage, einmal durchzugreifen und die Intrigantin in ihre Schranken zu verweisen. Tatjana hatte schließlich keine Lust mehr, die Vernünftige zu sein und Angelika H. zu ertragen, und kündigte.

»Ich konnte nicht erwarten, dass sich etwas ändert. Da habe ich die Gelegenheit, die sich mir bot, genutzt und wechselte zu einer anderen Firma.«

Wenn eine nach oben kommt und sich an allen rächt, die ihr schon immer unsympathisch waren

Lena Z. hatte es geschafft. Sie war mit viel Unverfrorenheit und Respektlosigkeit nach oben gestolpert und hatte dabei noch den Geschäftsführer über den Tisch gezogen. Er merkte nicht, wie resolut und mit welcher Chuzpe sie vorging, und gab ihr unter einigen anderen qualifizierteren Bewerberinnen den Zuschlag.

Als die frischgebackene Chefin ihren Dienst antrat, verkündete sie stolz: »Ich werde nur mit Leuten zusammenarbeiten, die ich mag.« Das große Rätselraten begann: Mag sie mich? Oder mag sie mich nicht? Um die Sache gleich von Beginn an klarzustellen, fügte sie hinzu: »Einige werden nicht dabei sein in meinem Team. Denen werde ich kündigen.« Und von Arbeitszeiten hatte die Neue auch ihre eigenen Vorstellungen, wobei sie wohl hauptsächlich an sich selbst dachte: »Wir machen hier unseren Job und wenn er erledigt ist, gehen wir heim. Hier muss niemand seine Zeit absitzen. Ich halte nichts davon, dass man hier herumsitzt, wenn man nichts mehr zu tun hat. Freitags wollen wir auf jeden Fall gegen Mittag aufhören.« Hörte sich im ersten Moment gut an, aber überführte alle ihre Vorgänger, die oft Tag und Nacht im Betrieb schufteten und erfolgreich waren, der Dummheit. Lena Z.: »Wenn man alle Abläufe etwas straffer durchorganisiert, ist das kein Problem.«

Alle wunderten sich, dass eine, die noch nie vorher eine Führungsposition ausgeübt hatte, so übertrieben selbstsicher auftrat. Schon in den ersten Tagen zeigte sie, was sie unter »Chef sein« verstand. »Ich feuere alle, die ich schon früher nicht mochte. Das hat gar keinen Sinn, es mit denen noch einmal zu versuchen. Der Marketingleiter war mir schon immer unsympathisch, der kommt weg. Die aus der Verkaufsförderung hat mich einmal so schwach angeredet, die taugt nichts. Die fliegt auch. Die Meier aus der Außendienstbetreuung... na ja... die geht so, die sehe ich mir noch mal an.

Und die Schmid aus der Buchhaltung, nein, die hat schon genug Geld hier verdient. Außerdem macht die meiner Meinung nach nebenbei Steuererklärungen für tausend Bekannte und kassiert noch mal. Die brauchen wir auch nicht.«

Dass sie damit leichtfertig über Existenzen entschied, berührte Lena Z. nicht. Sie selbst saß finanziell im gemachten Nest, Geld war für sie kein Thema, das hatte sie ohnehin. Ihre Abneigung bestimmten Kollegen gegenüber entsprang ihrer Angst und dem Misstrauen, das sie anderen von Haus aus entgegenbrachte. Hinter jedem witterte sie einen potenziellen Angreifer und um dem zu entgehen, schlug sie lieber vorzeitig selbst zu. In der Position als Chefin hatte sie natürlich alle Möglichkeiten, ihre Macht spielen zu lassen. Dann kam noch eine Portion Neid hinzu, die sie nicht verbergen konnte. Kollegen, die sie lange kannte und auf deren Arbeit und Leistung sie als Chefin auch angewiesen war, ließ sie langsam ausbluten. Sie wurden auf Sparflamme gekocht, denn man hätte sie ja noch mal gebrauchen können. Doch wenn die dachten, sie könnten jetzt aufgrund langjähriger Bekanntschaft irgendwelche Vorteile genießen, dann belehrte sie Lena Z. eines Besseren. Sie wollte nicht daran »schuld« sein, dass es ihnen nun besonders gut ging. Nein, sie sorgte dafür, dass sie auf dem Boden blieben, und wunderte sich, dass sie immer weniger Lust hatten, mit und für sie zu arbeiten.

Das Mobbing, das Lena Z. betrieb, war von der gemeinsten Sorte. Sie ließ Leute ausbluten oder feuerte sie ohne jedes Gespräch. Es gab Kollegen, die auf dem Flur von anderen erfuhren, dass sie eigentlich gar nicht mehr da waren. Die Chefin war zu feige, ihnen in die Augen zu sehen und zu kündigen. Ihr Hass auf manche Leute, vor allem Kolleginnen, war so groß, dass es unverständlich erschien, weil eigentlich niemals etwas Richtiges vorfiel. Die Chefin durfte nur kurze Zeit ihres Amtes walten, dann wurde sie mit ihren eigenen Waffen von einem anderen Mobber geschlagen.

10 Mobbing und die Chefs

Wer heute Chef ist – eine kleine Typologie

Chefs sind nie so, wie man sie gerne hätte. Deshalb ist man gezwungen, sich auf sie einzustellen. Wer sich ein bisschen mit der Persönlichkeit seines Chefs auseinandersetzt, kann unter Umständen viele Konflikte und Reibereien vermeiden. Hier ein paar Typen, die Ihnen im Berufsleben immer wieder begegnen werden – und wie man am besten mit ihnen umgeht:

Der kleine Diktator

Er will anerkannt werden, wird schnell laut, zaudert nicht lange und sagt, was er meint. Er tut selbstsicherer, als er ist, und versteckt dies hinter seinem eisernen Führungsstil. Sein Vorteil: Man weiß, woran man bei ihm ist. Wer mit ihm gut auskommen will, sollte sich keinesfalls einschüchtern lassen, seine Chefposition nicht infrage stellen und so manche Taktlosigkeit nicht überbewerten oder gar persönlich nehmen. Er schätzt selbstbewusste Mitarbeiter, die sich von ihm nicht ärgern lassen.

Wer jedoch auf seine derben Sprüche eingeht, kann auch schon bald sein Mobbing-Opfer sein.

Der große Schweiger

Zu seinen Untergebenen hat er wenig Kontakt, er will am liebsten in Ruhe gelassen werden. Das verunsichert die Leute und wirkt sich meist negativ auf das Betriebsklima aus. Durch sein passives Verhalten bereitet er Mobbing unbewusst den Boden. Wenn es einen Konflikt gibt, greift er nur höchst ungern ein. Motivieren und Delegieren sind nicht seine Stärken, er macht lieber alles selbst. Als Fachkraft mag er ein exzellenter Mann sein, als Führungskraft ist er höchst ungeeignet. Von ihm gemobbt zu werden, ist höchst unwahrscheinlich. Wenn Sie bei ihm Eindruck machen wollen, dann tun Sie das am besten durch Leistung und fachliche Kompetenz. Wenn Sie neue Ideen haben, dann tragen Sie ihm diese möglichst nüchtern vor!

Der arrogante Aufsteiger

Zum niederen Volk lässt sich dieser Cheftyp schon aus Prinzip nicht herab. Er meidet den Kontakt zu seinen Mitarbeitern und lässt sie auf arrogante Art spüren, dass er mit ihnen nichts zu tun haben will, sondern sie nur gebraucht. Er entscheidet alles allein und damit er dabei nicht gestört wird, verschließt er sogar seine Tür von innen. Der Umgang mit ihm ist eine äußerst komplizierte Sache. Lassen Sie sich keinesfalls von ihm erniedrigen, sondern kontern Sie sachlich, aber direkt! Achten Sie dabei darauf, ihn nicht in seiner Eitelkeit zu verletzen; denn das könnte für ihn der Auslöser sein, Sie auf seine bewährte unverschämt-»feine« Art zu terrorisieren.

Der Profilneurotiker

Er ist einfach unentbehrlich. Wenn es ihn nicht gäbe, wäre die Firma schon längst eingegangen. Er kümmert sich um alles und jeden, hält sich selbst für den Größten und Besten und hetzt von einem Termin zum anderen. Immer im Dienste der Firma. Er braucht dieses Gefühl, wichtig zu sein, und schmückt sich im Notfall auch mit fremden Federn. Passen Sie also auf, wenn Sie ihm eine gute Idee verraten! Fertigen Sie über so ein Gespräch etwas Schriftliches an und überreichen Sie es ihm in Kopie. Das wird ihm gefallen, denn damit geben Sie ihm zu verstehen, wie wichtig Sie ihn finden. Zeigen Sie niemals offene Zweifel an seiner Person! Dadurch könnte er Angst bekommen und Sie übel anschwärzen und mobben. Denn wenn es um sein Ego geht, kennt der Profilneurotiker überhaupt keinen Spaß.

Der Unberechenbare

Keiner weiß, wie er heute wieder drauf ist. Soeben noch eitel Sonnenschein, Sekunden später Blitz und Donner im Büro. Was er gestern entschied, gilt heute nicht mehr und wer ihm gerade in die Quere kommt, wenn er sich entlädt, ist dran. Dieser Chef ist launisch und unberechenbar und kostet daher seine Untergebenen viel Kraft. Durch seine unstete Art erzeugt er eine gefährlich verwirrende Atmosphäre, in der sich Cliquen bilden, die sich in ihrem Frust häufig ein Opfer suchen, das dann nach Kräften gemobbt wird. Sie müssen sehr diplomatisch vorgehen, um mit so einem Chef klarzukommen. Schlucken Sie Ihren Ärger auch mal runter, lassen Sie sich von ihm nicht hinreißen, zurückzuschreien. Warten Sie lieber ab, bis sich seine Laune wieder gelegt hat, dann können Sie mit ihm auch wieder vernünftig reden.

Wie man heute Chef wird

Wer ganz nach oben wollte, musste zumindest früher noch etwas Besonderes geleistet haben. Die Zeiten haben sich geändert und die Maßstäbe sind andere. Der Chef von heute erreicht sein Ziel am besten und leichtesten durch Beziehungen, Jasagerei, ein gutes Outfit und halbkluges, meist hohles Geschwätz. Wer es schafft, einen anderen totzureden, ohne etwas zu sagen, oder ihm ausreichend zu schmeicheln, der kann sich eine echte Chance beim Kampf um die wohl dotierten Pöstchen ausrechnen. Dass so auch Mobbing großer Vorschub geleistet wird, wird leider nur zu gern übersehen oder gleich ganz ignoriert. Wer dieses Spiel nicht mitmachen will, kann seine Karrierehoffnungen gleich begraben.

Natürlich soll hier nichts verallgemeinert werden, es gibt selbstverständlich auch heute noch einige Führungskräfte, die aufgrund menschlicher und fachlicher Kompetenz auf ihrem Stuhl sitzen. Nur leider sind sie zur Ausnahme geworden, zu viele andere haben auch schon auf den Chefsesseln Platz genommen.

Mobbing kann sich immer heftiger entfalten, weil die Führungskräfte zu schwache Persönlichkeiten sind, um dem Spuk rechtzeitig Einhalt zu gebieten. Besonders die Emporkömmlinge, die aus irgendwelchen Gründen (vielleicht, weil sie auch so gerne Golf spielen oder »ganz zufällig« immer einer Meinung mit dem großen Meister sind?) das Herz eines Unternehmers gewonnen haben, sind nicht in der Lage, überhaupt zu verstehen, was in ihrer Abteilung abläuft, weil sie viel zu sehr mit sich selbst und ihrem Fortkommen beschäftigt sind. Im Grunde interessiert es sie auch nicht, wie es ihren Lakaien geht. Oft schweben sie auf Wolke sieben und zeichnen sich vor allem durch Arroganz aus, was ihnen automatisch jeden Bezug zum Mitarbeiter nimmt.

Der japanische Unternehmensberater Minoru Tominaga (55) aus Düsseldorf zur Situation in deutschen Chef-Etagen: »Einmal im Monat sollte der Chef die ›niederste‹ Arbeit verrichten. So lernt er das Unternehmen kennen und bekommt Kontakt zu seinen Mitarbeitern. Aber hier haben manche Chefs sogar eigene Aufzüge, um nicht mit den Untergebenen reden zu müssen. Und sie speisen in einem eigenen Casino, mit eigenem Koch und Wein, besser als im Drei-Sterne-Restaurant. Da ist es doch keine Überraschung, wenn sie nicht mehr wissen, was los ist in ihrem Betrieb.«

Wen wundert's also noch, dass die deutsche Wirtschaft immer mehr an Ansehen verliert? Wenn echte Persönlichkeiten fehlen und jeder nur noch seine Profilneurose auslebt, kann sich nichts Innovatives entwickeln. Die neue Generation der Chefs ruht sich zu gerne auf den Lorbeeren ihrer Vorgänger aus und interessiert sich für ihr persönliches Wohl wesentlich mehr als für das der Firma und ihrer Mitarbeiter. So darf es nicht weitergehen. Es muss ein Umdenkprozess stattfinden. Und was außerdem von höchster Bedeutung sein dürfte: Es müssen wieder mehr Querdenker in die Führungsetagen. Sie mögen zwar etwas anstrengender sein als die Jasager und Abnicker, weil sie Diskussionen entfachen und Gehör fordern, aber sie sind oftmals so kreativ, dass sie einem Unternehmen auf Dauer viel bringen können. Nur wenn wir uns mit ihnen wieder auseinander setzen, werden wir auf Dauer erfolgreich bestehen können.

Warum Führungsschwäche so viel Nährboden für Mobbing bietet

Wer seine Mitarbeiter nicht führen kann, fördert Mobbing. Dabei spielt es keine Rolle, ob autoritärer oder sehr liberaler Führungsstil an der Tagesordnung ist – der Chef will sich sowohl mit der einen als auch der anderen Methode selbst schützen. Einer, der seinen Leuten die Entscheidung überlässt, kann selbst für keine falsche Maßnahme verantwortlich gemacht werden. Und einer, der sich autoritär verhält, gibt damit klar zum Ausdruck, dass er nicht infrage gestellt werden will. Beide Cheftypen sind weder souverän noch besonders kooperativ, können als schwache Führungskräfte betrachtet werden und bieten daher guten Nährboden für Mobbing.

Hält der Boss seine Untergebenen an der langen Leine, beginnen die Mitarbeiter bald mit ihren Machtspielchen, um sich die begehrten und attraktiven Positionen zu sichern. Wenn niemand da ist, der die Kompetenzen klar verteilt, machen die Angestellten das unter sich aus und geraten darüber meistens in Streit miteinander. Mobbing kann sich also in voller Blüte entfalten. Schwächere Mitarbeiter bleiben dabei meistens auf der Strecke. Würde der Chef auch nur einmal richtig eingreifen und die Marschrichtung bestimmen, könnte dies unterbunden werden.

Wenn der Chef den autoritären Führungsstil bevorzugt, gibt er diesen auch nach unten weiter. Das heißt: Seine Gruppe wird immer versuchen, die engen Arbeitsbedingungen so weit wie möglich auszuschöpfen. Und wehe dem Neuen, der da kommt und denkt, er könne z. B. in seiner Arbeitsweise etwas schneller oder langsamer sein als die anderen! Er wird sich bald massiver Kritik ausgesetzt sehen und von seinen Kollegen in autoritärer Weise zur Angleichung an die Gepflogenheiten gezwungen werden. Notfalls wird er eben gemobbt. Kein Wunder, dass die Gruppe so reagiert – bei so einem Chef!

Der Idealfall ist natürlich die kooperative Führungskraft. Leider gibt es sie nicht sehr oft und ist heutzutage ein besonderer Glücksfall für eine Firma und ihre Mitarbeiter. Chefs, die ihre Crew ins Geschehen mit einbeziehen, sie fördern und ihr ein gewisses Selbstbestimmungsrecht einräumen, geben Mobbing keine Chance. Wer sich seinem Team gegenüber aufgeschlossen zeigt, wird damit rechnen können, dass es erfolgreich arbeitet, was letztlich auch wieder auf die Führungskraft zurückfällt. Leute, die eigene Verantwortung tragen und angehalten werden, sich ziel- und kostenbewusst zu verhalten, haben eine höhere Motivation und sind dadurch bereit, mehr persönliches Engagement einzubringen und damit einen entscheidenden Beitrag zum Erfolg des Unternehmens zu leisten. Das Vertrauen, das eine Führungskraft in seine Leute investiert, schafft eine leistungsstarke Atmosphäre, in der jeder sein Bestes geben will und sogar der Chef noch etwas dazulernen kann. Der kluge Vorgesetzte wird das für sich nutzen, denn er weiß und akzeptiert, dass auch er noch lange nicht alles weiß.

Die fehlende soziale Kompetenz der heutigen Chefs

Wie wir wissen, geht Mobbing häufig direkt vom Chef aus. In manchen Firmen ist es geradezu Politik, Zwietracht zu säen und alle, die aufmucken, sofort in ihre Schranken zu weisen oder gar mit Kündigung zu bedrohen. Doch am stärksten ist

Mobbing unter Kollegen vertreten. Nach einer Untersuchung von Leymann waren die Mobber

zu 44% Kollegen,
zu 37% Vorgesetzte,
zu 10% Kollegen und Vorgesetzte,
zu 9% Untergebene.

Wenn sich Mitarbeiter gegenseitig mobben, ist der Vorgesetzte gefordert, einzugreifen. Zum Glück gibt es auch einige mutige und konsequente Chefs, die das üble Spiel gleich anfangs erkennen und es unterbinden. Doch die Mehrheit der Bosse sieht schweigend zu, hält sich raus oder will es einfach gar nicht mitbekommen. Durch ihre fehlende soziale Kompetenz entwickelt sich so ein Mobbing-Prozess, der immer größere Kreise zieht. Wenn sie früher eingreifen würden, gäbe es oft noch Lösungen für den Konflikt. Wer wartet, bis er eskaliert, macht sich mitschuldig.

Kluge Chefs, die Mobbing in ihrer Firma verhindern wollen, sollten lt. Konfliktforscher Martin Resch folgende vier Regeln beherzigen:

- Suchen Sie das Gespräch mit dem Mitarbeiter und warten Sie damit nicht, bis es Anlass zur Kritik gibt! Seien Sie in Ihrer Abteilung präsent und zeigen Sie sich zugänglich!
- Schützen Sie Ihren Mitarbeiter auch bei Kritik! Maßregeln Sie ihn nie vor anderen und sagen Sie ihm klar und ohne moralische Einschätzungen, wie er sich in Zukunft verhalten soll.
- Sehen Sie Konflikte als Chance! Versuchen Sie niemals, sie zu unterdrücken, einfach zu übersehen oder schwelen zu lassen, sondern suchen Sie nach einer Lösung. Holen Sie notfalls Dritte dazu!
- Schaffen Sie Klarheit über Ziele und Erwartungen! Legen Sie ein konsequentes und verantwortungsvolles Vorgesetztenverhalten an den Tag, damit lässt sich Mobbing in vielen Fällen verhindern.

Warum Chefs mobben

Meistens kann man von einem ungelösten Konflikt ausgehen, wenn Chefs mobben. Hier ein paar Gründe, warum sie es tun:

Sie bekommen Druck von oben

Über Ihrem Chef gibt es meistens noch einen, der das Sagen hat. Wenn Ihrer von dort Druck bekommt, gibt er diesen nach unten weiter. Manchmal trifft es die ganze Abteilung, es kann aber auch vorkommen, dass er sich einen persönlichen Sündenbock aussucht, der dann gemobbt wird.

Sie sind gierig nach Macht

Einer, der innerhalb der Firma befördert wird und plötzlich vom Kollegen zum Vorgesetzten avanciert, spielt oft gerne seine neue Macht aus. Er glaubt, wenn er sich nur genug aufspielt, käme er schon noch ein Stück weiter.

Sie können den Mitarbeiter einfach nicht leiden

Es kommt leider viel zu oft vor, dass die »Chemie« zwischen zwei Menschen nicht stimmt. Auch zwischen Chef und Mitarbeiter spielt das eine enorme Rolle. Wenn er am längeren Hebel sitzt und Sie partout nicht ausstehen kann, werden Sie darunter zu leiden haben und gemobbt werden. Warum er Sie nicht mag, kann diverse Gründe haben: Neid auf Ihre bessere Ausbildung? Auf Ihr glücklicheres Privatleben? Oder auf Ihre Art, mit Kollegen umzugehen? Es muss aber – wie schon erwähnt – auch gar keine Gründe haben. Er mag Sie einfach nicht.

Sie haben Schwierigkeiten mit der Firmenorganisation

Wenn beim täglichen Arbeitsablauf etwas nicht klappt, ist so mancher Boss schnell verführt, einen Schuldigen zu suchen, anstatt eine Lösung zu finden. Dadurch entstehen Ungerechtigkeiten, die zu Mobbing führen können.

Sie haben Angst, die Kontrolle zu verlieren

Ein Chef fühlt sich häufig in einer menschlich isolierten Position, in die er sich allerdings auch selbst hineinmanövriert. Er muss immer wieder fürchten, den Überblick zu verlieren. Ganz schlimm kann diese Angst werden, wenn er passiven Widerstand seiner Abteilung spürt. Insgeheim weiß er nämlich, dass seine Tage gezählt sind, wenn sich die Leute gegen ihn verschwören.

Sie haben Angst davor, was die Mitarbeiter über sie denken

Auch ein Chef sehnt sich nach Anerkennung, doch er wird nie erfahren, was seine Mannschaft tatsächlich von ihm hält. Wenn er Angst hat, von seinen Mitarbeitern schlecht beurteilt oder gar belächelt oder gehasst zu werden, wird ihn das entsprechend verunsichern, was wiederum seine Lust am Mobbing anheizt.

In seinem Buch *Über den Umgang mit Vorgesetzten – Macht und Mut am Arbeitsplatz* schreibt Wolfram Kowalewsky: »Die tiefsten Ängste des Vorgesetzten betreffen die Frage, was der Mitarbeiter wirklich denkt, ob er mich durchschaut, was er über unsere Abteilung, unsere Arbeit und unseren ganzen ›Laden‹ in Wirklichkeit meint.« Wenn man seinem Chef gegenüber offen und klar ist, ohne unterwürfig zu sein, kann man helfen, diese Angst abzubauen und Mobbing damit keine Chance zu geben.

11 Was kann man gegen Mobbing tun?

Wie kann man Mobbing frühzeitig erkennen?

Es dauert eine Weile, bis man erkennt, was gespielt wird. Und obwohl es schon nach relativ kurzer Zeit Anzeichen gibt, dass Intrigen ablaufen, will man es erst einmal nicht wahrhaben und lässt kostbare Zeit verstreichen. Doch wer bereits in der Anfangsphase gegensteuert, kann sich einiges ersparen. Hier die absoluten Alarmsignale, die sagen, dass Intrigen sich ankündigen und Mobbing im Busch ist:

- Frontbildung

War es früher ein harmonisches Team, so bilden sich jetzt jede Menge Cliquen und Seilschaften. Die Fronten verhärten sich, wenn ein Chef die Parole ausgibt: »Wer nicht für mich ist, ist gegen mich!«

- Kontrolle

Auf einmal werden Gesprächsprotokolle angelegt und die Pünktlichkeit kontrolliert. Vertrauen gibt es nicht mehr, nur noch Kontrolle und Spionage, um Beweise und Munition gegen das Opfer zu sammeln.

- Diskussion ohne Ende

Bei fachlichen Auseinandersetzungen wird nicht mehr sachlich diskutiert, sondern verbiestert debattiert.

- Klatsch

Der Gesprächsstoff besteht nur noch aus Klatsch und Tratsch. Wer geht mit wem ins Bett? Wer feiert heute krank?

- Abseitsfalle

Die Kollegen schießen sich auf einen Mitarbeiter ein, der isoliert wird. Bei jedem Essen in der Kantine werden seine Schwächen und Eigenarten durchgehechelt. Es versteht sich von selbst, dass der Betroffene nicht dabei ist.

- Informationsstopp

Das Opfer erfährt nichts mehr, wichtige Informationen werden ihm vorenthalten. Telefonate und Anweisungen werden nicht weitergeleitet.

- Keine Kommunikation

Plötzlich werden Türen geschlossen und offene Gespräche vermieden. Geburtstagsumtrunk ade! Die Gruppe hat keinen Teamgeist mehr.

- Unkollegialität

Jetzt läuft nichts mehr: Ob Überstunden, Urlaubspläne oder Krankheitsvertretung, keiner springt mehr für den anderen ein.

Wie kann man sich gegen Mobbing schützen?

Leymann hat in seinen Untersuchungen festgestellt, dass Opfer oft nicht die geringste Möglichkeit haben, sich jemandem anzuvertrauen. Es fehlen einfach die Kanäle, um das Problem offiziell zur Sprache zu bringen. Deshalb sind die Betriebe gefordert, formelle Wege zu installieren und damit Mobbing-Zustände aufzugreifen und abzublocken. Der Betroffene muss sich einfach an jemanden wenden können, der den Auftrag hat, ihm zu helfen und auch weiß, was zu tun ist.

Der Einzelne kann sich vor Mobbing nicht besonders schützen und es auch nicht voraussehen. Oftmals lebt das Opfer ja ziemlich lange mit seinen Kollegen in Frieden und plötzlich geht die Stänkerei los. Wenn der Chef oder die Kollegen es auf ihn abgesehen haben, kann er eben kaum etwas dagegen unternehmen. Häufig gerät er wegen Dingen

(Hautfarbe, Geschlecht, Religion) in Beschuss, für die er überhaupt nichts kann. Präventiv können eigentlich nur die Firmen etwas tun, indem sie persönliche Konflikte zwischen Mitarbeitern ernst nehmen und Führungskräfte einsetzen, die auch wirklich welche sind.

Zehn Strategien: Wie man sich gegen den Psychoterror wehren kann

- Versuchen Sie nicht, sich ein dickes Fell zuzulegen und alles an sich abprallen zu lassen. Auf Dauer können Sie das ohnehin nicht durchhalten.
- Suchen Sie die direkte Aussprache unter vier Augen. Im Frühstadium lässt sich noch vieles bereinigen.
- Lockere Gespräche über Privates bieten unnötige Angriffsflächen. Reden Sie nicht zu viel!
- Schaffen Sie sich rechtzeitig Verbündete, indem Sie das veränderte Verhalten der Kollegen gegenüber einer vertrauenswürdigen Person ansprechen.
- Sprechen Sie mit Ihrem Partner über Ihre Probleme in der Firma und lassen Sie sich den Rücken stärken.
- Vermeiden Sie unbedingt spontane Ausbrüche. Durch unkontrollierte Gegenwehr gießen Sie leicht Öl ins Feuer.
- Nehmen Sie zweideutige Anspielungen nicht hin – schon gar nicht, wenn Sie nicht verstehen, was gemeint ist. Bestehen Sie nachdrücklich auf Erklärung.
- Wenn sich die Situation nicht im Kollegenkreis bereinigen lässt, sollten Sie rechtzeitig Vorgesetzte oder den Betriebsrat einschalten.
- Stärken Sie Ihr Selbstbewusstsein durch positive Aktivitäten in der Freizeit. Erinnern Sie sich an Ihre beruflichen Qualitäten.
- Machen Sie sich Notizen über Vorfälle. Bei einer juristischen Auseinandersetzung könnten sie hilfreich sein.

So hilft sich ein Mobbing-Opfer selbst

- Wenn Sie zum Opfer geworden sind, dann hilft nur eines: Versuchen Sie, dem Konflikt so schnell wie möglich ins Auge zu sehen und ihn zu bereinigen. Aalen Sie sich nicht in Ihrem Leid und bedauern Sie sich nicht selbst, sondern gehen Sie möglichst schon in der Anfangsphase konstruktiv dagegen an!
- Zeigen Sie sich versöhnungsbereit mit dem Täter, damit können Sie ihn entwaffnen. Sie müssen keine Sorge haben, dass Sie sich damit Schuld oder Schwäche eingestehen, sondern Sie demonstrieren vielmehr, dass Sie in Wirklichkeit stark sind.
- Sprechen Sie sich bei Ihrer Familie und Ihren Freunden aus! Reden hilft. Aber überstrapazieren Sie sie nicht, sonst hören sie Ihnen bald nicht mehr zu. Versuchen Sie, das richtige Maß zu finden, und hören Sie auch zu. Es ist wichtig, nicht immer nur Dinge von sich zu geben, sondern auch die Ratschläge oder Meinungen der Vertrauten anzuhören.
- Lenken Sie sich mit einem Hobby ab, anstatt es aus Frust nicht mehr auszuüben. Sie haben als Gemobbter so viel Stress, dass Sie dringend Entspannung brauchen. Steuern Sie dagegen, wenn Ihr Inneres Ihnen wieder sagt: Alles Mist, ich habe keine Lust mehr, es hat sowieso alles keinen Sinn. Nehmen Sie diese Gefühle nicht an, sondern bleiben Sie positiv!
- Erkundigen Sie sich an der Volkshochschule oder in einem Gesundheitszentrum nach einem Kurs in Yoga oder autogenem Training. Ihr Arzt wird Sie sicher beraten können.

Das Mobbing-Tagebuch

Wenn Sie sich gemobbt fühlen, kann es hilfreich sein, ein Mobbing-Tagebuch zu führen. Mit Ihren Aufzeichnungen können Sie vor Ihren Vorgesetzten, dem Betriebsrat, Ihrem Anwalt und, falls nötig, sogar vor Gericht besser argumentieren und somit Ihre Situation realer darstellen. Auch bei einer möglichen Therapie ist ein solches Tagebuch ein guter Ansatzpunkt.

Notieren Sie sich die folgenden Punkte:

- Wann wurden Sie gemobbt? (Datum + Uhrzeit)
- Was wurde getan? (Welche Mobbing-Handlung – siehe die 45 Mobbing-Punkte in Kapitel 3)
- Was haben Sie dabei empfunden?
- Durch wen wurden Sie gemobbt?

Schreiben Sie alles auf, was Sie kränkt – auch scheinbar »banale« Begebenheiten. Auch wenn der Mobber dies später abtut oder seine Handlungen in ein anderes Licht rücken will und Ihre Darstellung als falsch bezeichnet: In der Auflistung aller Punkte werden Sie (und gegebenenfalls ein Mobbing-Berater, Mediator, Psychologe oder Anwalt – je nach Lage Ihres speziellen Falles) feststellen, unter welchem Druck Sie eigentlich stehen!

Hier ein Beispiel für ein Mobbing-Tagebuch:

Datum/ Uhrzeit	**Was wurde getan?**	**Was habe ich empfunden?**	**Wer mobbte mich?**
14.08.00/ 9:00	Vorwurf, unflexibel und unselbstständig zu sein	Ohnmacht und Wut	Herr Junghans
14.08.00/ 10:00	Abwertende Blicke und abfällige Gesten auf meine Fragen und Vorschläge. Anschließend wurde ich wie Luft behandelt	Ohnmacht, Wut, später Magenschmerzen	Herr Junghans
16.08.00/ 11:00	Vorwurf, Arbeitsmittel zu vergeuden	Zunächst Ohnmacht wegen des unberechtigten Vorwurfs. Dann rechnete ich vor, wo man hätte sparen können	Herr Junghans
17.08.00/ 10:00	Herr Junghans gab mir sinnlose Anweisung zur Abwicklung eines Vorgangs und blamierte mich gleichzeitig vor einem Vertreter	Unsicherheitsgefühl, obwohl ich genau wusste, die Anweisung ist falsch. Scham gegenüber dem Vertreter	Herr Junghans

Was Sie als Kollege tun können

Wer zusieht (oder zusehen muss), wie jemand aus seiner Abteilung von Kollegen oder Vorgesetzten gemobbt wird, hat es nicht leicht. Da ist einerseits das Gerechtigkeitsempfinden und der damit verbundene Impuls, dem Kollegen zu helfen. Da ist aber auch die Angst, selbst zum Opfer zu werden, wenn man sich nicht gruppenkonform verhält. Keine Frage: Wer sich heraushält, macht sich mitschuldig. Denn auf diese Weise bekommen die Mobber stillschweigend die »Lizenz zum Mobben«.

Die Sozialpsychologie lehrt: Beim Beobachten von Not- und Gefahrensituationen laufen typische Gedankenmuster ab, die dazu beitragen, dass man ohne Schuldgefühle untätig zusieht. Es gilt das Floriansprinzip: Jeder denkt: Sollen doch die anderen eingreifen! Auch die Angst, sich zu blamieren, ist nicht selten: Die Mobber könnten ja im Recht sein, wo doch niemand eingreife. So kommt es, dass die Gemobbten häufig fröhlich weiter schikaniert werden.

Ich sage es deutlich: Man braucht Zivilcourage, um allein gegen Mobber oder Schikanen »von oben« anzukämpfen. Aber wie kann die Strategie aussehen?

- Bringen Sie im Kollegenkreis in Einzelgesprächen Ihre Betroffenheit zum Ausdruck.
- Fragen Sie den/die anderen Kollegen nach seiner/ihrer Sicht der Dinge, ohne Schuld zuzuweisen. Also nicht: »Warum geht man hier mit Frau P. so unfair um?«, sondern: »Ich habe den Eindruck (übrigens: Das sachliche Wort ›Eindruck‹ ist besser als das emotionale Wort ›Gefühl‹), Frau P. fühlt sich in der Abteilung ziemlich unwohl. Haben Sie eine Ahnung, was der Grund sein könnte?« So können Sie ein Problembewusstsein unter den Kollegen und Kolleginnen schaffen.
- Wenn Sie sich nicht trauen, direkt auf diese Weise aktiv zu werden, können Sie den Weg über den Betriebsrat oder im

Einzelfall auch über Vorgesetzte wählen. Verabschieden Sie sich vom Gedanken, »Zuträger« oder »Radfahrer« zu sein. Sie verhalten sich vielmehr gegenüber dem Gemobbten mutig und sozial.

Die Literaturliste im Anhang enthält Bücher über sinnvolles Verhalten in Konfliktsituationen. Auch Seminare über »Konfliktvorbeugung im Gespräch« oder Ähnliches, die von Gewerkschaften, Kirchen, Volkshochschulen und anderen Bildungsträgern als Bildungsurlaub oder in Wochenendseminaren oder Abendkursen angeboten werden, eignen sich, das Problem anzugehen.

12 Auswirkungen und Kosten

Die Ursachen erkennen

Wir wissen aus der Stressforschung, dass Belastungsfaktoren, so genannte Stressoren, denen wir über einen längeren Zeitraum ausgesetzt sind, starke körperliche und seelische Stressreaktionen nach sich ziehen. Zweifelsohne hat die Zahl der psychosomatischen Beschwerden auf Grund von Dauerstress in den letzten Jahrzehnten stark zugenommen. Darum ist es für die von Mobbing-Stress Betroffenen und deren Ärzte wichtig, frühzeitig zu erkennen, ob es einen Zusammenhang zwischen Schikanen am Arbeitsplatz und gesundheitlichen Beschwerden gibt.

Werden nämlich nur die Symptome der Erkrankungen behandelt, können die Ursachen weiterhin ihre schädliche Wirkung ausüben – sprich: die Krankheit wird chronisch. Bleibt sie lange unbemerkt, sind weitere gesundheitliche Störungen und Beschwerden die Folge, die bei den Betroffenen schon in der Frühphase des Mobbing auftreten. Dazu gehören:

- Migräne und Spannungskopfschmerzen
- Erschöpfungszustände
- Kreislaufprobleme
- Schweißausbrüche
- Schlafstörungen
- Herzbeschwerden
- Magen- und Gallenbeschwerden
- allgemeine Störungen des vegetativen Nervensystems
- Ohrensausen (Tinnitus)

Professor Leymann stellte bei seinen Untersuchungen folgende Symptome bei den Betroffenen am häufigsten fest:

- Kopfschmerzen 51%
- Rückenschmerzen 44%
- Einschlafstörungen 41%
- Depressionen 41%
- schnelle Reizbarkeit 41%
- Nackenschmerzen 36%
- Konzentrationsmängel 35%
- Versagensangst 32%
- nächtliches Aufwachen 32%

Wissenschaftliche Untersuchungen zeigen: Mit großer Wahrscheinlichkeit kommt es zu körperlichen Erkrankungen, wenn psychische Belastungen wie Mobbing auf den Menschen einwirken, die ihn in seinem Alltagsleben deutlich treffen. Diese Ereignisse können zwar »normal« im Sinne der Häufigkeit ihres Auftretens sein, sie beeinträchtigen aber den Einzelnen subjektiv außerordentlich. Wie stark die Belastung durch diese Ereignisse jeweils ist, hängt entscheidend davon ab, wie sie subjektiv bewertet wird.

Psychische Probleme durch Mobbing

Auch die Psyche reagiert auf Mobbing. Als häufige psychische Beschwerden von Gemobbten treten nach Erkenntnissen des Mobbing-Experten Berndt Zuschlag auf:

- Konzentrationsprobleme, Gedächtnisstörungen
- Selbstzweifel, Selbstunsicherheit
- Depressionen, Antriebslosigkeit, Weinkrämpfe
- Gefühle der Verzweiflung, Selbsttötungsgedanken
- paranoide Zustände, Verfolgungswahn
- Übersensibilität (Empfindlichkeit)

- gereizte, aggressive Stimmungen
- Hektik, Rastlosigkeit
- Albträume

Auch hier gilt: Im Einzelfall reagiert jeder Mensch anders auf die gleiche psychische Belastung. Verschiedene Untersuchungen haben gezeigt, dass es durch Mobbing bei den Betroffenen häufig zu Angstzuständen kommt. Diese gelten anfangs nur der Auseinandersetzung mit den Mobbern, können sich aber im Laufe der Zeit zu generellen Angstpsychosen ausweiten. Viele der Betroffenen ziehen sich dann innerlich mehr und mehr zurück. Dieser Rückzug und starke Selbstwertzweifel führen oft in eine Depression.

Manchmal rennt der Betroffene mit einer für Außenstehende fanatisch erscheinenden Rechthaberei gegen sein Schicksal an, gleichsam wie Don Quichotte gegen die berühmten Windmühlenflügel. Seine allmählichen Persönlichkeitsveränderungen werden als Anlass genommen, ihn als Querulanten und psychisch gestört abzustempeln, was seine Selbstzweifel dadurch noch verstärkt. Es kommt nicht selten zu Selbsttötungsgedanken, ja sogar zum versuchten oder vollendeten Selbstmord.

Mobbing und Sucht

Auch Sucht als Folge von Mobbing ist weit verbreitet – kein Wunder angesichts der um sich greifenden Leere und Hoffnungslosigkeit und der zunehmenden Unfähigkeit, sich am Leben zu erfreuen. Um gegen die leistungsmindernden Folgen von Mobbing anzukämpfen, greifen immer mehr Menschen zu Pillen und Tropfen. Insgesamt 1,4 Millionen Bundesbürger sind medikamentenabhängig. Besonders Angstzustände, Depressionen und Schlafstörungen werden mit Beruhigungs- und Schlafmitteln bekämpft. Nicht wenige davon machen abhängig, vor allem, wenn sie Wirkstoffe aus der Gruppe der Benzodiazepine (z. B. Valium) enthalten. Allein von diesem Wirkstoff sind ca. 850.000 Menschen in Deutschland abhängig.

Besonders häufig dient Alkohol als »Trösterchen«. 52% aller Berufstätigen trinken gelegentlich Alkohol am Arbeitsplatz (11% sogar täglich oder fast täglich). 37% der Befragten geben als Grund für den Alkoholkonsum während der Arbeit an, dass er ihnen hilft, mit Stresssituationen leichter fertig zu werden. Und dazu gehört zweifelsohne auch Mobbing.

Und noch ein paar erhellende Zahlen: 17% der Beschäftigten an gering belastenden, aber 25% an hoch belastenden Arbeitsplätzen sind Raucher.

Noch nicht so gut erforscht, aber sicher auch von großer Bedeutung sind Probleme wie Magersucht oder Bulimie.

Wie sich Mobbing im privaten Umfeld auswirkt

Alles, was der Gemobbte erlebt, hat seine Auswirkung auf Familie, Freunde und Bekannte. Es kommt schon bei nichtigen Anlässen oft zu Gereiztheit und Aggressionsbereitschaft, was natürlich das Privatleben außerordentlich belastet: Ehen und Freundschaften gehen zu Bruch, aus Antriebslosigkeit oder Rechthaberei zieht das Mobbing-Opfer sich zurück oder überwirft sich mit allen. Am Schluss ist der Betroffene ganz allein – ohne Familie, Freunde und Job.

Was Mobbing für den Arbeitgeber bedeutet

Mobbing am Arbeitsplatz – das ist ein Problem, bei dem es nur Verlierer gibt: Gemobbte, Mobber, zuschauende Kollegen und Vorgesetzte, Arbeitgeber – kurz die ganze Gesellschaft.

- Die Gemobbten – über die habe ich ausführlich geredet.
- Die Mobber, weil sie als Personen oder Gruppe gelten, denen man nicht über den Weg trauen kann. Ihnen wird angelastet, dass in der Firma ein Klima der Angst herrscht.
- Die zuschauenden Kollegen, denn sie müssen fürchten, das nächste Opfer zu werden. Es kommt zu Misstrauen, die Arbeitsfreude geht verloren – und damit die Kreativität aller.
- Die Vorgesetzten, denn sie müssen die Produktivitätsverluste kompensieren, die etwa durch »Dienst nach Vorschrift«, »innere Kündigung«, Fehlzeiten der Betroffenen oder Einarbeitung neuer Mitarbeiter und Mitarbeiterinnen (wegen Selbstkündigung oder Arbeitsunfähigkeit der Gemobbten) entstehen.
- Der Arbeitgeber, denn er hat die Kosten für das alles zu tragen.

Nach vorsichtigen Schätzungen der Allgemeinen Ortskrankenkassen (AOK) entstehen den Unternehmen pro Jahr und gemobbter Person Kosten in Höhe von 30.000 bis 100.000 DM. Andere Hochrechnungen sprechen von einem gesamtwirtschaftlichen Schaden von 100 Milliarden DM in Deutschland, inklusive der Kosten, die die Gesellschaft – sprich: wir alle – tragen müssen. Gemeint sind damit höhere Renten- und Krankenversicherungsbeiträge wegen zunehmender Frühverrentungen und steigender Behandlungskosten.

Ich behaupte: Es gibt kein »positives« Mobbing. Wenn Arbeitgeber oder Vorgesetzte aus strategischen Gründen dieses Mittel einsetzen oder stillschweigend hinnehmen – etwa zum Kosten- oder Personalabbau –, begreifen sie nicht, dass sie damit das Betriebsklima derart zerstören, dass auch der Rest der Belegschaft so demotiviert wird, dass die Einsparungen in keinem Verhältnis zum Motivations- und Kreativitätsverlust stehen.

13 Mobbing und Recht

Wege und Kosten für Anwalt und Gericht

Nun mögen Sie als »Gemobbter« überlegen, gegen Kollegen oder Arbeitgeber anwaltlich vorzugehen. Für einen solchen Fall zeige ich Ihnen im Folgenden auf, was Sie ein solcher Schritt kosten kann. So viel vorweg: Rechtsanwälte sind teure Spezialisten. Sie sollten daher, ehe Sie rechtliche Schritte erwägen, stets sorgfältig prüfen, ob sich der Streit wirtschaftlich (und nervlich) lohnt oder ob Sie nicht besser einen Kompromiss, also einen Vergleich, anstreben sollten.

Um Ihnen die Kostensituation vor Augen zu halten, möchte ich Ihnen nun zunächst die grundsätzliche Struktur der Berechnung aufzeichnen.

Anwaltskosten

In der Regel rechnet der Anwalt nach der Bundesrechtsanwaltsgebührenordnung (BRAGO) ab. Zwar können Sie auch das Honorar individuell vereinbaren, z. B. nach einem Stundensatz, doch dies lasse ich im Folgenden außer Acht und befasse mich ausschließlich mit der Gebührenberechnung nach BRAGO.

Grundlage der Berechnung ist der Streitwert, d. h. der Betrag, um den gestritten wird, oder der Wert, den das Gericht einem Streit beimisst. Klagen Sie auf Zahlung einer bestimmten Summe – also eine Abfindung oder Schmerzensgeld –, ist dies der Streitwert. Für dessen Bemessung gibt es zahlreiche gesetzliche Regelungen und richterliche Entscheidungen.

Ein Beispiel:
Ein Arbeitnehmer will sich gegen eine Kündigung durch den Arbeitgeber wehren. Er verdient monatlich DM 6.000,– brutto, bezieht ein dreizehntes Gehalt und erhält zu Weihnachten weitere DM 2.000,– brutto. Es geht um ein lang dauerndes Arbeitsverhältnis, das bisher nicht gekündigt ist. Der Streitwert errechnet sich nach der Rechtsprechung in Höhe des Drei-Monats-Bezuges. Hierzu wird zunächst das Jahreseinkommen errechnet:

12 × DM 6.000,– =	DM 72.000,–
Dreizehntes Gehalt	DM 6.000,–
Weihnachtsgeld	DM 2.000,–
Jahreseinkommen	DM 80.000,–

Hiervon $\frac{1}{4}$ ist der Drei-Monats-Bezug = DM 20 000,–. Dies ist hier der Gegenstandswert.

Gebührentatbestände

Außergerichtliche Anwaltstätigkeit:
Die Gebühren für außergerichtliche Tätigkeit des Rechtsanwaltes sind so genannte Rahmengebühren. Das bedeutet: Das Gesetz eröffnet dem Rechtsanwalt einen Rahmen, innerhalb dessen er nach billigem Ermessen seine Gebühr festsetzen kann.

1. Stufe – Beratung (Beratungsgebühr):
Die erste anwaltliche Tätigkeit ist die Beratung. Die Beratungsgebühr ist angefallen, wenn der Rechtsanwalt den Mandanten beraten hat. Auch eine telefonische Beratung erfüllt dabei den Gebührentatbestand. Der Rahmen für die Beratungsgebühr reicht von $\frac{1}{10}$ bis $\frac{10}{10}$ der vollen Gebühr, die aus der BRAGO zu entnehmen ist. Die Mittelgebühr liegt bei $\frac{5}{10}$.

Bleiben wir bei unserem Beispiel: Nach der Gebührentabelle ergibt sich für die Beratung hier folgender Wert:

Gegenstandswert DM 20.000,–	
$^5/_{10}$-Beratungsgebühr § 20 BRAGO	DM 473,–
Auslagenpauschale § 26 BRAGO	DM 40,–
16 % Mehrwertsteuer	DM 82,08
insgesamt	DM 595,08

Mit dieser Summe ist in einem »Normalfall« die außergerichtliche Beratung (mehrere Beratungsgespräche!) des Mandanten abgegolten.

Sonderfall – Erstberatung:
Der Gesetzgeber (§ 20 I BRAGO) hat jedoch eine Kappungsgrenze eingeführt, um den ersten Besuch beim Rechtsanwalt nicht so teuer zu gestalten. Demnach zahlt man zwar für eine Erstberatung die gesetzlichen Gebühren nach der Gebührenordnung, allerdings liegt die Obergrenze für die Erstberatung bei DM 350,–.

Aber wohl gemerkt: Diese Kappungsgrenze gilt nur für die Erstberatung! Ab dem zweiten Besuch beim Rechtsanwalt in derselben Sache ist er berechtigt, die vollen Gebühren zu fordern. In unserem Beispiel sieht das so aus: Hat Ihr Anwalt mit seinem Mandanten nicht telefoniert und ihm auch keine Briefe geschrieben, fällt auch die Postpauschalgebühr weg. Es ergeht also folgende Rechnung:

Streitwert: DM 20.000,–	
$^5/_{10}$ Beratungsgebühr § 20 BRAGO –	
Kappungsgrenze Erstberatung	DM 350,–
16 % Mehrwertsteuer	DM 56,–
insgesamt	DM 406,–

2. Stufe – Geschäftsgebühr:
Sie fällt an, wenn der Anwalt für den Mandanten absprachegemäß den Gegner anschreibt, einen Vertragsentwurf erarbeitet oder eine sonstige Tätigkeit durchführt, durch die das »Geschäft« betrieben wird. Die Geschäftsgebühr des § 118 Abs. I Ziffer 1 BRAGO ist eine Rahmengebühr mit einem Rahmen von $^{5}/_{10}$ bis $^{10}/_{10}$ der vollen Gebühr. Angenommen, der Mandant bittet den Rechtsanwalt, den Arbeitgeber schriftlich zu bitten, auf die Rechte aus der Kündigung zu verzichten.

Zunächst einmal geht die Beratungsgebühr kraft Gesetzes in der Geschäftsgebühr auf, wird also nicht gesondert berechnet.

Streitwert: DM 20.000,–	
$^{7,5}/_{10}$ Geschäftsgebühr §§ 11, 118 I 1 BRAGO ...	DM 822,–
Auslagenpauschale § 26 BRAGO	DM 40,–
16% Mehrwertsteuer	DM 137,92
insgesamt	DM 999,92

3. Stufe – Besprechungsgebühr:
Wünscht der Mandant eine außergerichtliche Besprechung zwischen dem Anwalt und dem Gegner, dem Gegnervertreter oder einem sonstigen Dritten, so fällt eine Besprechungsgebühr an, allerdings nicht, wenn auch die dritte Person von dem Mandanten beauftragt und bevollmächtigt ist (z. B. dem Steuerberater des Mandanten). Die Besprechungsgebühr des § 118 Abs. I Ziffer 2 BRAGO ist eine Rahmengebühr mit einem Rahmen von $^{5}/_{10}$ bis $^{10}/_{10}$ der vollen Gebühr.

In unserem Fall hat der Mandant auf Grund der Beratung den Anwalt gebeten, dem Arbeitgeber einen Brief zu schreiben. Jener antwortet brieflich. Der Mandant bittet daraufhin den Rechtsanwalt, dieser möge umgehend mit dem Arbeitgeber über die Kündigungserklärung verhandeln, um die Sache außergerichtlich schnellstmöglich beizulegen.

Streitwert: DM 20.000,–		
$^{7,5}/_{10}$ Geschäftsgebühr §§ 11, 118 I 1 BRAGO ...	DM	822,–
$^{7,5}/_{10}$ Besprechungsgebühr §§ 11, 118 I 2 BRAGO	DM	822,–
Auslagenpauschale § 26 BRAGO	DM	40,–
16% Mehrwertsteuer	DM	269,44
insgesamt	DM	1.953,44

Vergleichsgebühr:

Wird auf Grund der Verhandlungen ein Vergleich geschlossen, ist auch eine Vergleichsgebühr fällig, die sich bei einem außergerichtlich abgeschlossenen Vergleich stets in Höhe einer $^{15}/_{10}$-Gebühr beläuft.

Nehmen wir an, dass sich auf Grund der Verhandlungen die Parteien über gewisse Veränderungen des Arbeitsvertrages einigen, aber das Arbeitsverhältnis fortgesetzt wird. Dann lautet die Schlussrechnung an den Arbeitnehmer/Mandanten wie folgt:

Streitwert: DM 20.000,–		
$^{7,5}/_{10}$ Geschäftsgebühr §§ 11, 118 I 1 BRAGO ...	DM	822,–
$^{7,5}/_{10}$ Besprechungsgebühr §§ 11, 118 I 2 BRAGO	DM	822,–
$^{15}/_{10}$ Vergleichsgebühr § 23 BRAGO	DM	1.495,–
Auslagenpauschale § 26 BRAGO	DM	40,–
16% Mehrwertsteuer	DM	508,64
insgesamt	DM	3.687,64

Rechtsstreitigkeiten vor Gericht

Die Anwaltsgebühren für Tätigkeit vor Gericht sind sämtlich vom Gesetz festgelegt in Höhe je einer $^{10}/_{10}$-Gebühr. Es handelt sich also nicht mehr um Rahmengebühren. Hinsichtlich einiger Gebühren, die vorgerichtlich entstanden sind, findet eine Anrechnung auf die nachfolgende Gebühr statt: Die außergerichtliche Beratungsgebühr wird angerechnet auf die außergerichtliche Geschäftsgebühr; die Geschäftsgebühr wird angerechnet auf die Prozessgebühr. Wer also vorgerichtlich eine $^{7,5}/_{10}$-Geschäftsgebühr bezahlt hat, muss im Falle der Klageerhebung nur noch den Rest bis zur Höhe einer vollen $(^{10}/_{10})$ Prozessgebühr entrichten.

Beim Kostenrisiko ist weiterhin zu bedenken, dass im Falle eines Rechtsstreites im Zivilprozess der Verlierer die Kosten trägt. War die Klage in vollem Umfang erfolgreich, muss die unterlegene Partei der Gegenseite alle Rechtsanwaltsgebühren erstatten und auch die Gerichtskosten zahlen. War die Klage zum Teil erfolgreich, dann werden die Kosten gequotelt. War sie z. B. zu 70% erfolgreich, dann hat die beklagte Partei 70% der Gesamtkosten zu tragen, also an die klägerische Partei eine entsprechende teilweise Kostenerstattung vorzunehmen. War die Klage zu 50% erfolgreich, so werden in der Regel die Kosten gegeneinander aufgehoben. Das bedeutet, dass jede Partei die eigenen Rechtsanwaltskosten selbst und die Gerichtskosten zur Hälfte trägt.

Achtung! Im Verfahren vor den Arbeitsgerichten in erster Instanz gilt eine Ausnahme: Hier trägt jede Partei immer alle ihre Kosten selbst. Also muss auch ein Arbeitnehmer, der z. B. im Kündigungsschutzprozess obsiegt, die auf seiner Seite entstandenen Rechtsanwaltsgebühren in vollem Umfang selbst tragen. Es ist deswegen besonders sinnvoll, rechtzeitig eine Rechtsschutzversicherung für den Bereich Arbeitsrecht abzuschließen. Denn die schönste erfolgreich geführte Kündigungsschutzklage, die mit Zahlung einer Abfindung endet, nutzt nichts, wenn die Abfindung nachher zum großen Teil durch Steuern, Verrechnung mit dem Arbeitslosengeld und Rechtsanwaltsgebühren aufgezehrt wird.

Sprechen Sie also in jedem Fall vor Einleitung eines Rechtsstreites mit Ihrem Rechtsanwalt auch über das gesamte Kostenrisiko und die in Ihrem Fall bestehenden Kostentragungspflichten, vor allem dann, wenn keine ausreichende Rechtsschutzversicherung besteht.

Prozess- und Verhandlungsgebühr

Normalerweise verlangt der Rechtsanwalt vor Abfassen der Klageschrift bzw. vor der Klageerwiderung einen Kostenvorschuss in Höhe der Prozess- und Verhandlungsgebühr. Die Prozessgebühr entsteht, sobald der Rechtsanwalt damit beauftragt wird, die Klage bzw. die Klageerwiderung zu verfassen, die Verhandlungsgebühr fällt erst dann an, wenn der Rechtsanwalt bei Gericht den entsprechenden Antrag gestellt hat.

Nehmen wir an, in unserem Fall wurden außergerichtliche Verhandlungen geführt, die aber nicht erfolgreich waren, und der Mandant möchte nun eine Kündigungsschutzklage erheben. Die Rechnung des Rechtsanwaltes sieht dann aus wie folgt:

Streitwert: DM 20.000,–

$^{7,5}/_{10}$ vorgerichtliche Besprechungsgebühr §§ 11, 118 I 2 BRAGO	DM 822,–
$^{10}/_{10}$ Prozessgebühr §§ 11, 31 I 1 BRAGO	DM 997,–
$^{10}/_{10}$ Verhandlungsgebühr §§ 11, 31 I 2 BRAGO	DM 997,–
Auslagenpauschale § 26 BRAGO	DM 40,–
16 % Mehrwertsteuer	DM 456,96
Zwischensumme	DM 3.312,96

abzüglich für vorgerichtliche Tätigkeit bereits erhalten:

$^{7,5}/_{10}$ Geschäftsgebühr §§ 11, 118 I 1 BRAGO	– DM 822,–
$^{7,5}/_{10}$ vorgerichtliche Besprechungsgebühr § 11, 118 I 2 BRAGO	– DM 822,–
Auslagenpauschale § 26 BRAGO	– DM 40,–
16 % Mehrwertsteuer	– DM 269,44
verbleibt zu zahlen	DM 1.359,52

Im Arbeitsgerichtsverfahren ist kein Gerichtskostenvorschuss erforderlich.

Beweisgebühr und/oder Vergleichsgebühr

Ordnet das Gericht eine Beweisaufnahme an, entsteht die Beweisgebühr. Bei Abschluss eines wirksamen Vergleiches fällt die Vergleichsgebühr in Höhe einer $^{10}/_{10}$-Gebühr an. Bereits in der ersten mündlichen Verhandlung versuchen die Richter möglichst herauszufinden, ob die Sache durch einen Kompromiss – eben einen Vergleich – beendet werden kann. Damit soll auch das Entstehen weiterer Gebühren und Kosten vermieden werden. Ganz selten wird zunächst eine Beweisaufnahme durchgeführt und sogar danach noch ein Vergleich abgeschlossen, etwa, um das Risiko einer zweiten Instanz auszuschließen. In der Regel fällt entweder die Beweisgebühr oder die Vergleichsgebühr als dritte Gebühr an, nur selten kommt es zu vier Gebühren in einer Instanz. Nehmen wir an, in der Güteverhandlung unseres Falles kommt es zum Abschluss eines Vergleiches und der Arbeitgeber zahlt eine beträchtliche Abfindung (deren Höhe für die Anwaltsgebühren ohne Belang ist).

Streitwert: DM 20.000,–

$^{7,5}/_{10}$ vorgerichtliche Besprechungsgebühr §§ 11, 118 I 2 BRAGO	DM	822,–
$^{10}/_{10}$ Prozessgebühr §§ 11, 31 I 1 BRAGO	DM	997,–
$^{10}/_{10}$ Verhandlungsgebühr §§ 11, 31 I 2 BRAGO	DM	997,–
$^{10}/_{10}$ Vergleichsgebühr § 23 BRAGO	DM	997,–
Auslagenpauschale § 26 BRAGO	DM	40,–
16 % Mehrwertsteuer	DM	616,48
Zwischensumme	DM	4.469,48

abzüglich für vorgerichtliche Tätigkeit bereits erhalten:

$^{7,5}/_{10}$ Geschäftsgebühr §§ 11, 118 I 1 BRAGO	– DM	822,–
$^{7,5}/_{10}$ vorgerichtliche Besprechungsgebühr §§ 11, 118 I 2 BRAGO	– DM	822,–
Auslagenpauschale § 26 BRAGO	– DM	40,–
16 % Mehrwertsteuer	– DM	269,44
verbleibt zu zahlen	DM	2.516,04

Das Kostenrisiko

Als Kostenrisiko versteht man die mögliche Gesamtkostenbelastung, die auf eine Partei im Rahmen eines Rechtsstreites zukommen kann, also im Fall des Unterliegens im Zivilprozess auch die gegnerischen Rechtsanwaltsgebühren sowie die Gerichtskosten.

Streitwert: DM 20.000,–

Das Kostenrisiko der ersten Instanz beschränkt sich auf drei Rechtsanwaltsgebühren (DM 997,– + 16% MwSt), also DM 3.560,71 sowie die Gerichtskosten in Höhe von DM 680,–, zusammen also DM 4.240,71. Gegnerische Rechtsanwaltsgebühren fallen nicht an, da im Arbeitsgerichtsverfahren in erster Instanz keine Kostenerstattung stattfindet, auch dann nicht, wenn eine Partei voll unterliegt.

Teurer wird es allerdings dann, wenn die Angelegenheit in die zweite Instanz geht. Hier liegen die Kosten in unserem Fall bei rund DM 10.000,–. Diese Kosten trägt – wenn durch Urteil entschieden wird – diejenige Partei, die in vollem Umfang in der zweiten Instanz unterlegen ist.

Daher noch einmal die dringende Empfehlung, vor Einleitung eines Rechtsstreites gründlich die Kostenrisikosituation überprüfen und eventuell rechtzeitig eine umfassende Rechtsschutzversicherung abschließen, die auch in Arbeitsgerichtssachen vollen Kostenschutz für die Durchführung des streitigen Verfahrens gewährt. Vorsicht etwa bei Erbrechtsstreitigkeiten! Hier trägt die Rechtsschutzversicherung nur eine Beratungsgebühr, in der Regel auch nur: die Erstberatung.

Wenn die Rechtsschutzversicherung Deckungszusage erteilt hat, übernimmt sie in einem Zivilrechtsfall alle gesetzlichen Gebühren des Sie vertretenden Rechtsanwaltes, die Gerichtskosten und – falls Sie mit einer Kostenerstattungspflicht unterliegen – auch die Kosten des gegnerischen Rechtsanwaltes.

Allerdings greift die Rechtsschutzversicherung – je nach dem von Ihnen gewählten Umfang – nur für bestimmte Bereiche ein. So trägt sie die Kosten Ihres Anwaltes, aber nur nach den Gebührensätzen der gesetzlichen Gebührenordnungen und nur in der Höhe, wie diese Gebühren bei einem örtlich ansässigen Anwalt anfallen würden. Schließen Sie also mit einem Rechtsanwalt eine Honorarvereinbarung – z. B. mit einem Stundensatz – ab, aus der eine höhere als die gesetzliche Gebührenforderung entsteht, müssen Sie den übersteigenden Teil selbst tragen. Dasselbe gilt für Reisekosten eines Rechtsanwaltes, der an einem anderen Ort als dem Gerichtsort ansässig ist (auch hierzu gibt es Ausnahmen, die Ihnen Ihr Rechtsanwalt sicher erläutern wird).

Holt Ihr Rechtsanwalt für Sie von der Rechtsschutzversicherung eine Deckungszusage ein, ist dies gebührenrechtlich eine eigene Angelegenheit mit eigener Kostenfolge. Die Rechtsschutzversicherung tritt für diese Angelegenheit nicht ein. Mit anderen Worten: Die Kosten für die Einholung der Deckungszusage von der Rechtsschutzversicherung tragen Sie selbst, sofern Sie dies durch den Rechtsanwalt vornehmen lassen.

Prozesskostenhilfe

Wer (im Sinne des Gesetzes) arm ist, keine Rechtsschutzversicherung besitzt, aber in einem aussichtsreichen Fall Anwaltshilfe benötigt, kann Prozesskostenhilfe beantragen. Sie greift aber nur in einem Rechtsstreit vor Gericht. Für eine Kostenunterstützung im außergerichtlichen Bereich gibt es landesrechtlich unterschiedliche Regelungen, die Sie am besten bei Ihrem Rechtsanwalt erfragen können. Wenn Sie Prozesskostenhilfe beantragen, müssen Sie ein Formular »Erklärung über die persönlichen und wirtschaftlichen Verhältnisse« vollständig und wahrheitsgemäß ausfüllen, nebst aussagekräftigen Belegen.

Wird die beantragte Prozesskostenhilfe nicht gewährt, müssen Sie die im Prozesskostenhilfe-Prüfungsverfahren entstehenden – verringerten – Gebühren an Ihren Anwalt selbst bezahlen. Erhalten Sie Prozesskostenhilfe, sind Sie eventuell – abhängig von Ihren Einkünften und Schulden – zu gewissen Ratenzahlungen an das Gericht gemäß dessen Festsetzungen verpflichtet.

Nach Abschluss des Streits prüft das Gericht vier Jahre lang immer wieder, ob es inzwischen zu einer Verbesserung Ihrer finanziellen Situation gekommen ist. Unter Umständen müssen Sie den Restbetrag bis zur Höhe der vollen Gebühren nachbezahlen. Prozesskostenhilfe befreit Sie nur von der Pflicht, Gerichtskostenvorschüsse und Zahlungen an Ihren Anwalt zu leisten. Verlieren Sie aber den Rechtsstreit trotz Prozesskostenhilfe, müssen Sie dem Gegner die Rechtsanwaltskosten und etwaigen Auslagen voll erstatten – allerdings nicht im Falle eines Rechtsstreites vor dem Arbeitsgericht in erster Instanz, da dort, wie erläutert, keine Kostenerstattungsverpflichtung besteht.

Warum es kein Mobbing-Gesetz gibt

Der Petitionsausschuss des Deutschen Bundestages hatte sich Mitte der 90er Jahre mit der Frage zu befassen, ob es ein eigenes Gesetz gegen Mobbing geben solle. Er hat in seiner 175. Sitzung vom 15. Mai 1997 beschlossen, die Einführung eines Mobbing-Gesetzes nicht weiter zu betreiben. Hier die Begründung des Ausschusses:

»Mit der Petition wird ein Verbot des so genannten ›Mobbing am Arbeitsplatz‹ durch Bundesgesetz ähnlich einem in diesem Zusammenhang ergangenen Erlass des schwedischen Arbeitsministeriums gefordert. Zu der Thematik liegt eine weitere sachgleiche Eingabe vor.

Unter Berücksichtigung einer Stellungnahme des Bundesministeriums für Arbeit und Sozialordnung lässt sich das Ergebnis der Prüfung durch den Petitionsausschuss wie folgt zusammenfassen:

›Mobbing‹ stellt einen Eingriff in das durch Artikel 1 und Artikel 2 Absatz 2 Grundgesetz verfassungsrechtlich geschützte allgemeine Persönlichkeitsrecht dar. Dieses hohe Rechtsgut ist für den betrieblichen Bereich ausdrücklich in § 75 Absatz 2 Betriebsverfassungsgesetz (BetrVG) konkretisiert worden. Je nach Fallgestaltung haben Arbeitgeber und Betriebsrat entsprechend dieser Norm die gesetzliche Pflicht zur Unterbindung des von einem anderen Arbeitnehmer ausgehenden ›Mobbing‹. Dem Arbeitgeber steht in diesem Zusammenhang die Möglichkeit zu, durch Maßnahmen von der Verwarnung bzw. Ermahnung, Versetzung und Abmahnung bis zur Kündigung gegen einen diese Form der Diskriminierung ausübenden Beschäftigten vorzugehen.

§ 75 BetrVg ermöglicht es auch dem Betriebsrat, im Einzelfall gegen den Arbeitgeber vorzugehen, soweit die Diskriminierung von diesem initiiert ist. Alle aus § 75 BetrVG erwachsenden Rechte kann der Betriebsrat beim Arbeitsgericht geltend machen (§§ 23 Absatz 3, 104 BetrVG).

Für den Arbeitnehmer selbst besteht über das Beschwerderecht (§§ 84, 85 BetrVG) hinaus die Möglichkeit, gegebenenfalls klageweise gegenüber dem Schädiger seinen Anspruch auf Unterlassung nach § 1004 Bürgerliches Gesetzbuch (BGB) oder Schadensersatz nach § 823 BGB geltend zu machen.

Die mit ›Mobbing‹ beschriebenen Verhaltensweisen können darüber hinaus den Tatbestand der Körperverletzung, § 223 Strafgesetzbuch (StGB), erfüllen, soweit hierdurch das körperliche Wohlbefinden nicht nur unerheblich beeinträchtigt wird oder eine Gesundheitsbeschädigung bewirkt wird, d. h. ein wenn auch vorübergehender pathologischer Zustand hervorgerufen oder gesteigert wird.

Ehrverletzende oder verleumderische Äußerungen durch den Arbeitgeber oder durch den Arbeitskollegen können – je nach Fallgestaltung – den Tatbestand der Beleidigung, § 185 StBG, der üblen Nachrede, § 186 StGB, oder der Verleumdung, § 187 StGB, erfüllen. Wird der Betroffene zu einer Handlung, Duldung oder Unterlassung mit Methoden veranlasst, die als Ausübung von Gewalt oder Drohung mit einem empfindlichen Übel einzustufen sind, kommt außerdem eine Strafbarkeit wegen Nötigung, § 240 StGB, in Betracht.

Vor dem dargelegten Hintergrund gewährleistet die bisherige Rechtslage nach Auffassung des Petitionsausschusses einen umfassenden Schutz vor ›Mobbing am Arbeitsplatz‹. Ein gesetzliches Verbot des ›Mobbing‹ würde dagegen nur symbolische Bedeutung haben. Da der Petitionsausschuss eine solche Anregung nicht zu unterstützen vermag, empfiehlt er, das Petitionsverfahren zu schließen.«

Gesetze, die weiterhelfen

So weit der Petitionsausschuss. Doch auch, wenn es im deutschen Rechtssystem weiterhin keine ausdrücklichen Hinweise darauf gibt, dass Mobbing strafbar ist oder die Betroffenen zivilrechtliche Schritte in die Wege leiten können, hat jeder Mensch im Grundgesetz verankerte Rechte, die bei genauerem Hinsehen auch als Schutz vor Mobbing gesehen werden können.

Besonders hervorzuheben sind folgende Artikel im Grundgesetz:

Artikel 1

(1) Die Würde des Menschen ist unantastbar. Sie zu achten und zu schützen ist Verpflichtung aller staatlichen Gewalt. Das deutsche Volk bekennt sich darum zu unverletzlichen und unveräußerlichen Menschenrechten als Grundlage jeder menschlichen Gemeinschaft, des Friedens und der Gerechtigkeit in der Welt. (...)

Artikel 2

(1) Jeder hat das Recht auf die freie Entfaltung seiner Persönlichkeit, soweit er nicht die Rechte anderer verletzt und nicht

gegen die verfassungsmäßige Ordnung oder das Sittengesetz verstößt.
(2) Jeder hat das Recht auf Leben und körperliche Unversehrtheit. Die Freiheit der Person ist unverletzlich. (...)

Artikel 3
(1) Alle Menschen sind vor dem Gesetz gleich.
(2) Männer und Frauen sind gleichberechtigt.
(3) Niemand darf wegen seines Geschlechts, seiner Abstammung, seiner Rasse, seiner Sprache, seiner Heimat und Herkunft, seines Glaubens, seiner religiösen oder politischen Anschauungen benachteiligt oder bevorzugt werden. Niemand darf wegen seiner Behinderung benachteiligt werden. (...)

Damit der Betroffene von diesen Grundrechten auch in der Praxis etwas hat, muss er sich im Fall der Fälle entweder direkt oder mit Hilfe des Betriebsrates und/oder eines Rechtsanwaltes an die Strafverfolgungsbehörden wenden. Bei erkennbaren Straftatbeständen sind diese zur selbstständigen Ermittlung verpflichtet.

Die folgende Tabelle listet eine Reihe von Tatbeständen aus dem Strafgesetzbuch auf, die teilweise dem Handlungsrepertoire von Mobbern entsprechen (z. B. Nötigung, Beleidigung, Körperverletzung, Diebstahl).

Tatbestand/Straftaten	**§§ des StGB**
Bedrohung	241
Begünstigung	257
Beleidigung	185
Üble Nachrede	186
Verleumdung	187
Üble Nachrede, Verleumdung gegen Personen des politischen Lebens	187a
Verunglimpfung des Andenkens Verstorbener	189

Tatbestand/Straftaten	**§§ des StGB**
Betrug und Untreue	263 ff.
Diebstahl	242 ff.
Diebstahl und Unterschlagung geringwertiger Sachen	248
Körperverletzung	223 ff.
Nötigung	240
Politische Verdächtigung	241
Sachbeschädigung	303
Urkundenfälschung	267

Quelle: IG Metall

Auch im Betriebsverfassungsgesetz gibt es neben Mitwirkungs- und Mitbestimmungsrechten des Betriebsrates eine Reihe von Schutzrechten, die den Gemobbten eine rechtliche Handhabe gegen weitere Schikanen ermöglichen. Außerdem legt es dem Arbeitgeber eine Fürsorgepflicht auf, sodass es erst gar nicht zu Mobbing kommen sollte. Hier die entsprechenden Paragraphen (Quelle IG Metall):

§ 74 BetrVG/§ 66 BPersVG
Betriebs-/Personalrat und Arbeitgeber sollen sich mindestens einmal im Monat zu einer Besprechung zusammensetzen und strittige Fragen mit dem ernsten Willen zur Einigung behandeln.

§ 75 BetrVG/§ 67 Abs. 1 BPersVG
Betriebs-/Personalräte und Arbeitgeber sind verpflichtet, die freie Entfaltung der Persönlichkeit der ArbeitnehmerInnen zu schützen und zu fördern. Dazu gehört z. B. auch ein Belästigungsverbot am Arbeitsplatz. Täterinnen und Täter können auch zur Rechenschaft gezogen werden.

§ 76 BetrVG/§ 71 BPersVG

Der Betriebs-/Personalrat kann anregen, dass zur Beilegung von Meinungsverschiedenheiten zwischen ihm und dem Arbeitgeber eine ständige Einigungsstelle eingerichtet wird.

§ 80 Abs. 1 Ziff. 2 BetrVG/§ 68 Abs. 2 BPersVG

Der Betriebs-/Personalrat hat beim Arbeitgeber Maßnahmen zu beantragen, die dem Betrieb und der Belegschaft dienen.

§ 83 BetrVG

Arbeitnehmerinnen und Arbeitnehmer haben das Recht, Einsicht in ihre Personalakte zu nehmen.

§ 84 BetrVG

Arbeitnehmerinnen und Arbeitnehmer haben das Recht, sich bei den zuständigen Stellen des Betriebes zu beschweren, wenn sie vom Arbeitgeber oder von Beschäftigten des Betriebes benachteiligt oder ungerecht behandelt oder in sonstiger Weise beeinträchtigt werden. Der Arbeitgeber hat die Beschwerde zu behandeln und muss die Beschwerdeführer über das Ergebnis der Beschwerde unterrichten.

§ 85 BetrVG/§ 68 Abs. 3 BPersVG

Betriebs-/Personalräte haben Beschwerden von Beschäftigten entgegenzunehmen und auf Abhilfe hinzuwirken.

§ 98 BetrVG

Der Betriebsrat kann den Arbeitgeber auffordern, Weiterbildungsangebote für Betroffene anzubieten.

§ 104 BetrVG/§ 77 Abs. 3 BPersVG

Der Betriebs-/Personalrat besitzt das Recht, vom Arbeitgeber zu verlangen, Arbeitnehmerinnen und Arbeitnehmer zu versetzen oder zu entlassen, wenn diese durch gesetzwidriges

Verhalten oder durch grobe Verletzung des Betriebsfriedens wiederholt ernsthaft gestört haben.

Entwurf einer Musterbetriebsvereinbarung

Immer mehr Unternehmen haben inzwischen Betriebsvereinbarungen, um das Arbeitsklima positiv zu beeinflussen. Hier ein Muster, wie eine solche Vereinbarung – vielleicht auch für Ihren Betrieb – aussehen könnte:

»In dem Willen, das Betriebsklima in unserem Unternehmen zu verbessern, Konflikte produktiv zu nutzen und zu bearbeiten und negative Auswirkungen sozialer Konflikte auf Einzelne zu verhindern, schließen Betriebsrat/Personalrat und Geschäftsleitung folgende Vereinbarung:

§ 1 Geltungsbereich

Diese Betriebs-/Dienstvereinbarung gilt für alle Betriebsangehörige des ...-Betriebes.

§ 2 Belästigungsverbot

Geschäftsleitung und Betriebsrat/Personalrat sind sich einig darüber, dass in dem Betrieb/Unternehmen/Dienststelle... keiner Person wegen ihrer Abstammung, Religion, Nationalität, Herkunft, Alter, Geschlecht, sexueller Orientierung, persönlicher Eigenheiten, politischer oder gewerkschaftlicher Betätigung oder Einstellung Nachteile entstehen dürfen. Geschäftsleitung und Betriebsrat/Personalrat sehen eine wichtige Aufgabe darin, die freie Entfaltung der Persönlichkeit der im Betrieb beschäftigten Arbeitnehmer zu schützen und zu fördern.

Deshalb werden alle Betriebsangehörigen aufgefordert, Maßnahmen zu unterlassen, die die Entfaltung der Persönlichkeit Einzelner beeinträchtigen können oder als Belästigung und Beleidigung empfunden werden können. Insbesondere ist darauf zu achten, dass

- niemand in seinen Möglichkeiten, sich zu äußern oder mit seinem Kollegen und Vorgesetzten zu sprechen, eingeschränkt wird,
- niemand in seinen Möglichkeiten, soziale Beziehungen aufrechtzuerhalten, beschnitten wird,
- niemand in seinem sozialen Ansehen beschädigt wird,
- niemand durch Wort, Gesten oder Handlungen sexuell belästigt wird,
- niemand durch die ihm zugewiesenen Arbeitsaufgaben diskriminiert oder gedemütigt wird,
- niemand physischer Gewalt oder gesundheitsschädigenden Arbeitsbedingungen ausgesetzt wird.

§ 3 Sanktionen

Unabhängig von den im Folgenden genannten Vorgehensweisen zur Verhinderung von Belästigungen und Beeinträchtigungen kommen Geschäftsleitung und Betriebsrat/Personalrat überein, dass sie belästigende Handlungen nach § 2 als ernstliche Verletzung des Betriebsfriedens betrachten. Personen, die trotz Ermahnung solche Verhaltensweisen ausüben, müssen mit Versetzung oder Entlassung rechnen.

§ 4 Maßnahmen zur Verbesserung des Betriebsklimas

Zur Verbesserung des Betriebsklimas und zur Verhinderung von Belästigungen werden regelmäßig Vorgesetztenschulungen durchgeführt, und zwar alle drei Jahre. Der Betriebsrat/Personalrat ist an der Konzeption der Schulung und Auswahl der Schulungsträger beteiligt und hat das Recht, an den Schulungen teilzunehmen. In den Schulungen sind dem Thema: »Maßnahmen zur Verbesserung des Betriebsklimas und zur Verhinderung von Mobbing« besonderer Raum zu lassen.

§ 5 Betriebliches Beschwerderecht

Jeder Betriebsangehörige, der sich vom Arbeitgeber oder von Arbeitnehmern des Betriebes benachteiligt oder ungerecht behandelt oder in sonstiger Weise beeinträchtigt fühlt, hat das Recht zur Beschwerde. Nachteile dürfen ihm nicht daraus entstehen.

§ 6 Stufen der Beschwerdebehandlung

Ein Betriebsangehöriger, der eine Beschwerde nach § 5 vorbringt, kann zunächst ein Gespräch mit dem Konfliktgegner unter neutraler Leitung (Moderator) verlangen. Auf seinen Wunsch wird der Betriebsrat/Personalrat hinzugezogen. Der Beschwerdeführer hat das Recht, dass dieses Gespräch innerhalb von zwei Wochen nach seiner Beschwerde stattfindet.

Ergibt sich bei diesem Gespräch keine freiwillige Einigung, so muss innerhalb von weiteren zwei Wochen ein Vermittlungsgespräch stattfinden. Als Vermittler wird der nächsthöhere Vorgesetzte eingesetzt. Auf Wunsch des Beschwerdeführers kann der Personalrat/Betriebsrat hinzugezogen werden.

Kommen beide Konfliktgegner in diesem Gespräch nicht zu einer Einigung oder besteht der ursprüngliche Missstand, der Anlass zur Beschwerde gab, weiter, so kommt die Angelegenheit innerhalb von weiteren zwei Wochen vor die betriebliche Beschwerdestelle. Sie entscheidet nach Anhörung beider Seiten verbindlich.

§ 7 Zusammensetzung der betrieblichen Beschwerdestelle

Die betriebliche Beschwerdestelle ist eine ständige Einrichtung. Sie setzt sich aus je drei Mitgliedern, die von der Geschäftsleitung und vom Personalrat/Betriebsrat benannt werden, zusammen. Den Vorsitz übernimmt eine neutrale Person (eventuell eine externe Person). Sie entscheidet einstimmig.

Die betriebliche Beschwerdestelle hat das Recht, Maßnahmen zur Beilegung des Konflikts zu beschließen. Die Geschäftsleitung und der Personalrat/Betriebsrat sind zur Umsetzung der Entscheidung der Beschwerdestelle verpflichtet.

Kommt keine Einigung zustande, wird ein externer Vermittler hinzugezogen, dessen Vermittlungsvorschlag angenommen werden muss.

§ 8 Betriebliche Ansprechpartner

Um eine Eskalation von Konflikten zu verhindern, werden betriebliche Ansprechpartner benannt, die von den Beschwerdeführern angerufen werden können,.wenn sie sich belästigt oder benachteiligt fühlen. Die Ansprechpartner werden von Geschäftsleitung und Betriebsrat im Einvernehmen benannt, und zwar in folgender Anzahl: Pro 1000 Mitarbeiter ein Ansprechpartner, mindestens aber zwei pro Dienststelle/Betrieb/Unternehmensteil. Diese Ansprechpartner werden gesondert geschult und haben folgende Rechte:

- Gespräche zwischen zwei Konfliktgegnern einzuberufen und zu leiten, sofern noch keine Beschwerde nach § 6 geführt wurde;
- im Auftrag eines Beschwerdeführers Verhandlungen mit Vorgesetzten und Personalabteilung zu führen, um einen Missstand zu beseitigen oder eine einvernehmliche Lösung zu finden;
- in der betrieblichen Beschwerdestelle als Sachverständiger aufzutreten und Lösungen vorzuschlagen;
- gegen Entscheidungen der betrieblichen Beschwerdestelle ein Veto einzulegen, wenn sie den begründeten Verdacht haben, dass es sich um einen Fall von Mobbing handelt.

Wenn der betriebliche Ansprechpartner ein Veto gegen die Entscheidung der betrieblichen Beschwerdestelle einlegt, muss diese einen externen Experten zum Thema Mobbing hören und dessen Vermittlungsvorschlag annehmen.

§ 9 Inkrafttreten, Kündigung
Diese Vereinbarung tritt am … in Kraft.

Die Vereinbarung gilt auf unbestimmte Zeit, sie kann mit einer halbjährlichen Frist zum jeweiligen Jahresende gekündigt werden. Widerspricht die andere Seite der Kündigung, so gilt die Vereinbarung fort, bis sie durch eine andere Abmachung ersetzt wird.«

14 Kündigung im Mobbing-Fall

Manchmal bleibt wirklich nichts anderes übrig, als den Job zu kündigen und eine neue Stelle zu suchen. Natürlich stellen sich an diesem Punkt viele Fragen: Wie wird das Arbeitszeugnis aussehen? Soll man dem neuen Arbeitgeber von dem Mobbing-Fall erzählen? Was tun gegen die Angst, wieder gemobbt zu werden?

Arbeitszeugnis

Durch das Mobbing ist Ihre Arbeitsleistung verständlicherweise gesunken, was sich auf das Zeugnis niederschlagen könnte. Haben Sie Vertrauen zu Ihrem Vorgesetzten, sollten Sie ganz offen mit ihm sprechen. Schildern Sie ihm oder ihr Ihre Befürchtungen.

Wenn er das Mobbing allerdings toleriert oder gefördert hat und Sie daher mit einer entsprechend »gefärbten« Beurteilung rechnen, sollten Sie sich lieber an den Betriebsrat oder eine Vertrauensperson in Ihrer Firma wenden. Auch Beratungsstellen wie die Mobbing-Zentrale können hier nützen (Adresse im Anhang).

Hat Sie Ihr Vorgesetzter bewusst selbst gemobbt oder das Mobbing wissentlich geduldet, sollten Sie sich in jedem Fall an eine Beratungsstelle für Mobbing-Opfer und an Ihren Betriebsrat wenden, unter Umständen auch an einen Rechtsanwalt.

In jedem Fall steht Ihnen ein faires Zeugnis zu, das Ihnen die Zukunft nicht verbaut. Das klingt gut. Doch was, wenn Sie mit Ihren Kräften derart am Ende sind, dass Sie froh sind, mit Ihrem Vorgesetzen und Ihrer Firma nichts mehr zu tun zu haben? Verzichten Sie in diesem Fall auf ein bewertendes Zeugnis und lassen Sie sich eine neutrale Bescheinigung darüber ausstellen, wie lange Sie in welcher Position in diesem Unternehmen gearbeitet haben. So können Sie wenigstens Ihren Werdegang lückenlos nachweisen. Vielleicht findet sich jemand in dem Unternehmen, der Ihnen eine Referenz schreiben kann – etwa ein früherer Vorgesetzter, mit dem Sie sich gut verstanden haben.

Und wenn auch das nicht möglich ist, sollten Sie sich klar machen, dass Ihre berufliche Zukunft nicht von einem einzigen Zeugnis abhängt. Es gibt ein Leben nach dem Mobbing – mit oder ohne Zeugnis. Die Kraft, sich an eine Mobbing-Beratungsstelle zu wenden, sollten Sie auf jeden Fall aufwenden.

Neuer Job – was Sie Ihrem Chef sagen müssen

Sie suchen einen neuen Job, haben vielleicht schon einen Termin für ein Vorstellungsgespräch und überlegen, wie Sie sich dabei verhalten sollen. Auch hier sind Mobbing-Beratungsstellen gute Helfer. Sie wirken unterstützend bei der Suche nach einem neuen Arbeitsplatz und wissen, wie Sie sich Ihrem neuen Arbeitgeber gegenüber verhalten sollen. Ob und was Sie dort erzählen wollen, liegt an Ihnen. Bei einem inakzeptablen Zeugnis mag es sinnvoll sein, darauf hinzuweisen, dass Sie sich mit Ihrem letzten Arbeitgeber nicht im Guten getrennt haben. Das zeugt von Ihrer Ehrlichkeit. Es erscheint aber wenig sinnvoll, sich bei einem Bewerbungsgespräch so »richtig Luft« zu machen. Das wirft kein gutes Licht auf Sie. Bleiben Sie bei den Fakten. Und halten Sie Ihre Emotionen im Zaum.

Angst vor einem Neubeginn

Mobbing kann, ich habe es beschrieben, zu sehr tiefen persönlichen Veränderungen führen, bis hin zu schweren Depressionen. Ihr gestörtes Selbstwertgefühl lässt Sie womöglich fürchten, keine neue Arbeit mehr bewältigen zu können. Der Gedanke daran, sich mit neuen Kollegen auseinander setzen zu müssen, sich wieder in eine andere »Tretmühle« zu begeben, wirkt lähmend. Da hilft meist nur professionelle Hilfe, etwa ein Coaching oder eine Therapie. So profan es klingt: Sie haben auf alle Fälle die Chance, die schlimme Vergangenheit hinter sich zu lassen und ganz neu anzufangen. Nutzen Sie sie!

A Anhang

Kontaktadressen und Hilfsangebote

Mobbing-Zentrale

Die Mobbing-Zentrale e. V. hat ihre Arbeit 1997 aufgenommen. Sie wurde ein Jahr später als Verein gegründet und ist unter der Nr. VR 15679 in das Vereinsregister Hamburg eingetragen worden. Die Gemeinnützigkeit wurde anerkannt. Die Mobbing-Zentrale ist in ganz Deutschland tätig und der einzige Verein dieser Art.

Sie ist entsprechend der Postleitzahlbezirke in zehn Bereiche gegliedert und arbeitet eng mit kompetenten Personen und Gruppen des jeweiligen Bezirks zusammen. Inzwischen verfügt die Mobbing-Zentrale über mehr als 500 Adressen von Personen, die sich mit dem Thema Mobbing auskennen – wie z. B. Anwälte, Psychiater, Kliniken, Psychotherapeuten, Selbsthilfegruppen, Vereine und professionelle Institutionen, aber auch Gewerkschaften, Krankenkassen, Arbeitsämter, Behörden, Frauenbeauftragte und Maßnahmeträger für ABM-Stellen.

Mobbing-Betroffene erfahren zügig, wer ihnen in ihrem Wohngebiet Hilfe leisten kann. Diese Auskunft ist kostenlos. Auf Wunsch erhalten Betroffene eine Mobbing-Mappe mit allen Anschriften aus ihrem Bezirk und einem Mobbing-Tagebuch. Kosten für diese Mappe: DM 29,–.

Für Mitglieder koordiniert der Verein sämtliche Aktivitäten zwischen Anwalt und Psychiater und steht den Betroffenen mit Rat und Tat zur Seite. Die Mobbing-Zentrale unterstützt auch die Anwälte und Ärzte durch neue Urteile und Behandlungsmethoden und sucht gemeinsam mit allen Beteiligten nach der optimalen Lösung für die Mobbing-Opfer.

Die Mobbing-Zentrale finanziert sich durch den Jahresbeitrag von DM 60,– für natürliche Personen und DM 300,– für juristische Personen (Gruppen/Organisationen), durch Spenden, Einnahmen für besondere Dienstleistungen wie eine Wanderausstellung oder Beratungen von Arbeitgebern und Betriebsräten, den Verkauf von Fachliteratur und anderen Waren sowie Werbeartikeln mit dem Aufdruck: »Mobbing macht krank«.

Die Anschrift:

Mobbing-Zentrale e. V.
Kirchwerder Elbdeich 177
21037 Hamburg
Tel.: 0 40/79 31 96 27 -6 26 -6 25
Fax: 0 40/79 31 96 93
Internet: http://www.mobbing-zentrale.de
E-Mail: zentrale@mobbing-zentrale.de

- Für den schnellen Rat:

Das Mobbing-Telefon der AOK: 0 40/20 23 02 09

- Für ausführlichere Beratung:

Verein gegen psychosozialen Stress und Mobbing
Kemmelweg 10
65191 Wiesbaden
Tel.: 06 11/54 17 37 oder 06 11/9 57 03 81

Netzwerk der Mobbing-Selbsthilfegruppen
An der Oberhecke 21
55270 Sörgenloch
Tel.: 0 61 36/7 60 88 35

Gewerkschaften

Sehr engagiert nehmen sich Gewerkschaften der Mobbing-Opfer an. Hier ein paar wichtige Adressen:

Deutscher Gewerkschaftsbund
Vorstand, Abteilung Angestellte
Hans-Böckler-Str. 39
40476 Düsseldorf
Tel.: 02 11/4 30 13 47

Industriegewerkschaft Metall
Vorstand, Abteilung Angestellte
Carolin Stieber
60519 Frankfurt
Tel.: 0 69/66 93 – 28 07

Gewerkschaft Öffentliche Dienste, Transport und Verkehr
Referat Gesundheitspolitik und Arbeitsschutz
Theodor-Heuss-Str. 2
70031 Stuttgart
Tel.: 07 11/2 09 71 41

Weitere Adressen

NAKOS Nationale Kontaktstelle für Selbsthilfegruppen
Albert-Achilles-Str. 65
10709 Berlin
Tel.: 0 30/8 91 40 19

Deutsche Arbeitsgemeinschaft Selbsthilfegruppen e. V.
Friedrichstr. 28
35392 Gießen
Tel.: 06 41/9 94 56 12

Beratungstelefon der Arbeitsgemeinschaft
»No Mobbing«
(Zusammenschluss von AOK/DAG/KDA/Gesellschaft
gegen psychosozialen Stress und Mobbing e. V.)
für Betroffene: Tel.: 0 40/20 23 02 09
für arbeitsrechtliche Fragen: Tel.: 0 40/34 91 55 73

Ein paar allgemeine Hinweise, wie Sie eine örtliche Anlaufstelle ausfindig machen können:

Gewerkschaftsmitglieder sollten sich zunächst an die Verwaltungsstelle/Ortsverwaltung ihrer Gewerkschaft wenden, dort wird bei Bedarf rechtliche Beratung geleistet oder vermittelt, oft liegen auch Erfahrungen mit örtlichen Kooperationspartnern für psychosoziale Beratung vor.

Eine weitere gute Anlaufstelle sind die Ortsniederlassungen der Krankenkassen; es lohnt sich oft, nicht nur bei derjenigen, bei der man selber versichert ist, sondern auch bei anderen nachzufragen.

Ausgehend von seelsorgerischen Aufgaben bieten auch die Kirchen häufig kompetente Beratung oder vermitteln solche.

Bei psychischen oder psychosomatischen Beschwerden auf Grund von Mobbing sollte frühzeitig der Hausarzt/die Hausärztin zu Rate gezogen werden; hierbei ist ein offenes Wort über die Ursachen der Befindlichkeitsstörungen Voraussetzung für fachgerechte Beratung und Behandlung.

Mobbing-Adressen im Internet (Auswahl)

The Mobbing Encyclopaedia
http://www.leymann.se
»The Mobbing Encyclopaedia« von Prof. Leymann in Schweden ist die wichtigste Quelle über Mobbing auf Deutsch

http://www.rz.uni-frankfurt.de/FB/fb05/ psychologie/Abteil/ABO/2/2.3.htm
Auf dieser Homepage der Uni Frankfurt finden Sie Beiträge von Stressforscher Prof. Dieter Zapf sowie Forschungsberichte über Mobbing.

Berufsspezifische Adressen:
Der DGB bietet ausführliche Mobbing-Seiten; besonders zum Arbeitsschutzgesetz und Betriebsvereinbarung gegen Mobbing.
http://www.dgb.de/themen/mobbing_01.htm

DGB: Wo bleibt die Arbeit? Einführung in das Problem Mobbing:
http://www.dgb.de/sp/einfuehr.htm

Literatur-Informationen zur Angestelltenpolitik 03/1997, u. a. Mobbing:
http://www.dgb.de/sp/text10.htm

Bildungswerk des DGD Hessen
Mobbing oder prima Klima? Bösartiger Klatsch am Arbeitsplatz, Neid, Intrigen: »Mobbing« am Arbeitsplatz – ist das nur ein Modewort für schon altbekannte Themen oder steckt mehr dahinter?
http://www.hessen.dgb.de/bildungswerk/biu98/03.htm

Auch die IG Metall widmet dem Thema viel Platz:
http://www.igmetall.de/link_punkt_arbeit/mobbing/
http://www.igmetall.de/betriebsraete/mobbing

Mobbing-Info-Seiten der ÖTV und weiterführende Links:
http://www.oetv-nw1.de/info/mobbing/inhalt.htm

Verband der Oberärzte und angestellten Fachärzte.
Beispiele von Mobbing-Erfahrung aus der Welt der Krankenhäuser:
http://www.medi-netz.com/vofd mobbing.htm

BAG-Lehrer gegen Mobbing e. V.:
http://www.fortunecity.de/wolkenkratzer/neil/47/
blm-page.htm

Mobbing in der (evangelischen) Kirche:
http://www.david-uwd.de

Für die Schweiz:
Bernische Beratungsstelle für Mobbing-Fragen:
http://www.bsn.ch/mobbing

Sozialnetz Hessen
Literatur: Mobbing; Ergo-Online: Informationsdienst Arbeit und Gesundheit, Schwerpunkt Bildschirmarbeit:
http://www.sozialnetz-hessen.de/ergo-online/Service/
Literatur/Mobbing.htm

Interessante Diplomarbeit von Andreas Heeren und Ihno Schild über Mobbing:
www.mobbing-am-arbeitsplatz.de

Suchadressen für Anwälte:
www.anwaltauskunft.de
www.anwaltsuche.de
www.ra-info.de

Anwalt, der sich im Internet mit dem Thema Mobbing befasst:
http://www.dr-etzel.de/arbeit/mobbing1.htm

Engagierte private Homepage:
Gabys Mobbing-Werkstatt:
www.mobbingwerkstatt.de

Literatur

Esser/Wolmerath: Mobbing – der Ratgeber für Betroffene und ihre Interessenvertretung (enthält auch eine Musterbetriebsvereinbarung zu Mobbing), Bund Verlag 1996

Hesse/Schrader: Krieg im Büro, Konflikte am Arbeitsplatz und wie man sie löst, Fischer Taschenbuch, Frankfurt a. M. 1995

IG Metall: Eine Chance für gesündere Arbeit, Handlungshilfen zum »Gesetz zur Umsetzung der EU-Rahmenrichtlinie Arbeitsschutz und weiterer Arbeitsschutzrichtlinien«, 1997, zu beziehen über IG Metall Vorstand, Frankfurt a. M., Tel. 0 69/66 93 – 26 24

Leymann, Heinz: Mobbing. Psychoterror am Arbeitsplatz und wie man sich dagegen wehren kann, Rowohlt Taschenbuch, Hamburg 1993

Leymann, Heinz (Hg.): Der neue Mobbing-Bericht, Erfahrungen und Initiativen, Auswege und Hilfsangebote, Rowohlt Taschenbuch, Hamburg 1995

Neuberger, Oswald: Mobbing. Übel mitspielen in Organisationen, Rainer Hampp Verlag, München 1995

Niedl, Klaus: Mobbing/Bullying am Arbeitsplatz, Rainer Hampp Verlag, München 1995

Plogstedt, Sibylle/Bode, Kathleen: Übergriffe. Sexuelle Belästigung in Büros und Betrieben, Rowohlt-Verlag, Reinbek 1984

Resch, Martin: Wenn Arbeit krank macht, Ullstein Verlag, Frankfurt a. M. und Berlin 1994

Walter, Henry: Mobbing: Kleinkrieg am Arbeitsplatz, Campus Verlag, Frankfurt a. M. 1993

Weyand, Joachim/Behning, Bettina: Arbeitsrecht für Frauen, Fischer Taschenbuch, Frankfurt a. M. 1993

Zuschlag, Berndt: Mobbing: Schikane am Arbeitsplatz, Verlag für Angewandte Psychologie, Göttingen 1994